MENTORING
FOR
GALLERIST

MENTORING FOR GALLERIST

나하나

당신도 갤러리스트가 될 수 있습니다

> 추천사

iAn (미술 유튜브 채널 '허세미술관' 크리에이터)

　일반적인 미술 서적을 펼치면 현실과는 조금 거리가 있는 개념적 담론이나 추상적인 이론 이야기가 대부분을 차지하곤 합니다. 하지만 나하나 대표의 책은 다릅니다. 그녀는 현장에서 수없이 부딪히며 관계를 맺고 작품을 전시해 온 실무자로서, 자신의 발로 직접 밟아 온 경험을 집요하게 기록해 냈습니다. 이 책에는 미술계에 첫걸음을 내딛는 이들이 흔히 느끼는 '어디서부터 시작해야 할까?'라는 막막함을 단번에 걷어내 주는, 실전에서 쌓은 단단하고 생생한 경험이 오롯이 담겨 있습니다.

　나하나 작가의 이번 책은 미술계라는 낯선 정글을 실질적으로 살아내는 데 필요한 현실적 지혜와 용기를 주기에 충분하다고 생각합니다. 예비 갤러리스트에게는 이상과 냉혹한 현실 사이에서 균형을 잡게 해주는 든든한 지침서가 될 것이며, 미술계라는 낯선 정글에 첫발을 내딛는 이들에게는 길을 밝히는 등불이 될 것입니다.

> 추천사

"당신도 갤러리스트가 될 수 있습니다"

안현정(미술평론가 · 예술철학박사)

『갤러리스트를 위한 멘토링』은 단순한 실무 입문서를 넘어, 한 개인의 서사적 실천을 통해 '예술 생태계의 입문'이라는 고유한 경로를 제시하는 책입니다. 저자는 미술을 사랑했던 한 명의 관람자가 어떻게 현장의 기획자이자 운영자가 되었는지를 단계적으로 서술하며, 갤러리라는 공간의 구조와 문화적 감각, 그리고 그것을 가능케 한 지속적 태도를 오롯이 공유합니다. 무엇보다 인상적인 점은, 이 책이 '자격'이 아닌 '태도'로 현장을 돌파한 경험의 기록이라는 점입니다. 예술을 다루는 일이란 결국 삶의 태도를 반영하는 일이며, 저자의 행보는 그것이 어떻게 직업이 되고 생태가 되는지를 설득력 있게 증명합니다. 갤러리 일을 꿈꾸는 이들, 예술과 생계를 동시에 고민하는 이들에게 이 책은 현장의 감각과 방향성을 동시에 제공합니다. 진심 어린 언어로 직조된 이 멘토링은, 예술 안에서 일하고자 하는 이들에게 가장 실질적이고 용기 있는 안내서가 될 것입니다.

추천사

한미애 (서울시 문화정책 평가위원)

처음 제 강의에서 그녀를 만났을 때, 미술계의 화려한 언어보다 작품 앞에서 조용히 눈을 반짝이던 모습이 기억납니다.

전공도, 화려한 이력도 없이 시작했지만, 작품과 사람 사이에 징검다리를 놓는 법을 누구보다 성실하게 배우고 익혀갔지요.

그때 저는 '아, 이 친구는 오래 갈 사람이다'라는 확신이 있었습니다. 좋아하는 마음을 오래 간직할 줄 알고, 그 마음을 행동으로 옮기는 사람이라고 생각했었으니까요.

이 책에는 저자가 걸어온 길, 배운 것, 그리고 앞으로 갤러리 일을 꿈꾸는 누군가에게 전하고 싶은 현실적인 조언이 담겨 있습니다.

책장을 넘기다 보면, 처음 미술을 접할 때의 설렘에서부터 현장의 실천적인 지식을 함께 공감할 수 있을 것입니다.

갤러리스트의 길은 단순히 '예술을 좋아하는 마음'에서 시작되지만, 그 길을 끝까지 걷게 하는 건 '사람에 대한 애정'이라고 생각합니다.

그녀는 그 두 가지를 모두 갖춘 사람입니다.

그래서 저는 이 책을, 그리고 이 사람을 기꺼이 추천합니다.

(추천사)

"예술을 향한 진심이 길이 되다"

이은영 (서울문화투데이 발행인)

문화예술 전문매체인 서울문화투데이 발행인으로서, 수많은 전시와 예술인을 만나며 예술의 현장을 기록해 온 저에게 이 책은 단순한 실무서가 아닙니다. 예술을 향한 진심과 통찰이 담긴 실천적 안내서로 다가왔습니다.

『갤러리스트를 위한 멘토링』은 미술을 좋아하지만 어디서부터 시작해야 할지 막막한 이들에게, "당신도 갤러리에서 일할 수 있다"는 따뜻하고 현실적인 방안을 제시합니다.

책은 갤러리의 구성과 역할, 실무와 기획, 그리고 예술과 시장 사이의 균형까지 폭넓게 다루며, 갤러리스트라는 직업을 입체적으로 조명합니다. 특히 저처럼 비전공자였던 이들에게도 용기를 주는 문장들은, 예술을 향한 애정이야말로 가장 강력한 자산이라는 사실을 다시금 일깨워 줍니다.

갤러리에서의 일은 단순히 작품을 전시하고 판매하는 일이 아닙니다. 작가의 세계를 이해하고, 관객과 연결하며, 공간을 통해 감정을 전달하는 복합적인 작업입니다. 이 책은 그런 갤러리의 무대 뒤를 섬세하게 보여주며, 예술을 실무로 옮기는 과정에서 필요한 감각과 태도를 구체적으로 안내합니다.

또한, 전시 기획, 작가 섭외, 고객 응대, 아트페어 운영 등 실제 현장에서 부딪히는 다양한 상황을 생생하게 사진과 함께 담아냈습니다. 페이지를 넘길수록, 갤러리 일을 꿈꾸는 이들에게는 단순한 정보 이상의 것이 펼쳐집니다. 실무의 맥을 짚어주는 생생한 조언과 현장의 감각이 녹아든 이 책은, 마치 경험 많은 멘토가 곁에서 속삭여 주는 듯한 실질적인 지침서로 다가옵니다.

무엇보다 이 책은 예술을 사랑하는 마음이 어떻게 직업이 되고, 삶이 되는지를 보여주는 살아 있는 기록입니다.

예술을 향한 애정과 실무적 감각 사이에서 균형을 잡고 싶은 모든 이들에게, 이 책은 든든한 나침반이 되어줄 것입니다. 갤러리스트라는 길을 꿈꾸는 이들에게, 이 책은 시작의 문을 열어주는 가장 따뜻한 동반자로 당신 곁에 항상 함께할 것입니다.

(프롤로그)

"미술을 좋아하는 당신, 갤러리에서 일할 수 있어요"

'갤러리에서 일하는 사람들은 참 멋지다. 갤러리에서 일하려면 어떻게 해야 할까?'

혹시 당신도 이런 생각을 한 적이 있나요?
미술관이나 갤러리를 다녀온 뒤에 작품보다 공간과 분위기에 끌려 '이런 곳에서 일하면 얼마나 좋을까?' 하고 생각해 본 적은요?
미술 전공은 아니지만, 그림 보는 게 좋아서 갤러리 아르바이트 공고를 찾아본 적이 있진 않나요?

많은 사람이 '갤러리에서 일하는 것'에 대해 막연한 호감을 품곤 합니다. 하지만 곧 이런 질문에 부딪힙니다.

"근데 갤러리에서 어떤 일을 하지?"

"미술 전공자가 아니면 안 되는 걸까?"
"작품을 안 팔면 수입은 어디에서 오는 걸까?"
"나도 과연 갤러리에서 일할 수 있을까?"

저 역시 그랬습니다. 미술이 좋았고 전시 보는 게 행복했지만, 갤러리스트라는 직업은 낯설고 실무는 더더욱 멀게만 느껴졌습니다.
그러던 어느 날 저는 용기를 내어 직접 문을 두드려 보기로 했고, 지금은 갤러리를 운영하는 사람이 되었습니다.

이 책은 그때의 저와 같은 고민을 하는 당신에게 전하는 '현실적이고 따뜻한 조언'입니다.
갤러리는 어떤 구조로 돌아가는지, 갤러리에서는 무슨 일을 하는지, 어떻게 취업을 준비해야 하는지를 구체적으로 알려주되, "당신도 갤러리에서 일할 수 있어요"라고 말해주고 싶었습니다.

이 책을 통해, 갤러리에서 일한다는 것이 더 이상 막연한 꿈이 아닌, 구체적인 가능성으로 다가가길 바랍니다. 갤러리스트가 되기 위한 첫걸음은, 미술을 좋아하는 마음 하나면 충분합니다.

나도 갤러리 일을 잘 몰랐던 시절이 있었죠

사실 저도 갤러리라는 공간, 갤러리스트라는 직업에 대해 전혀 몰랐던 사람이었습니다.

서른 살, 저는 평범한 주부였습니다. 그때의 저는 자격증도, 직장 경험도 없었고 '내가 세상에서 할 수 있는 일은 무엇일까' 하는 생각에 고민이 많았습니다.

하지만 한 가지는 분명했습니다. 저는 미술을 정말 좋아했어요. 그림 보는 게 좋았고, 그림을 보면 가슴이 뛰고 마음이 움직였습니다.

그러던 중, 저는 갤러리라는 공간에 자연스럽게 관심을 갖게 되었고, 지금은 없어진 큐레이터 수료 과정에 등록해 공부를 시작했습니다. 사실 저는 인문대를 나왔기 때문에 미술에 대한 배경이라고는 미술관에 다녀본 것이 전부였지만, 배우는 시간이 그렇게 즐겁고 설렐 수가 없었습니다.

이후 우연히 작은 기획 전시를 두 번 하게 되었고, 이 경험이 제 인생의 방향을 바꾸었습니다. '그래, 갤러리를 한 번 열어보자' 말도 안 되는 생각 같았지만, 마음 깊은 곳에서 저는 이미 그 말을 외치고 있었습니다.

당시 자본금이란 거의 없었고, 서울에서 갤러리를 열기에는 턱없이 부족했습니다. 그래서 저는 고민 끝에 임대료가 저렴한 지방에서 갤러리를 열기로 마음먹었습니다. 서울에서 지방으로 2시간 넘게 왕복해야 하는 상황, 주변에서는 모두가 말렸습니다. "어떻게 출근을 감당하려고 하니", "지방에서 누가 그림을 사겠니", "그냥 취미로 해" 같은 말들을 하며 모두가 우려의 눈빛으로 저를 봤지만, 저는 진심으로 미술 일이 하고 싶었습니다.

그렇게 누구의 지지와 응원도 받지 못한 채, 2013년 드디어 저는 갤러리를 열었습니다. 문을 여는 날, 아무도 오지 않을까 두려워 떨면서도 11월의 찬 공기 속 밝은 햇살과 벽에 걸린 작품들은 잊을 수 없습니다.

지방에서의 첫 갤러리는 1년 동안 운영되었습니다. 매일 고속도로를 오가며 낯선 도시에서 관람객을 기다리며 문을 열던 그 시간은 제게 깊은 인내의 시간이자, 진짜 갤러리스트로서의 첫 훈련이었습니다. 그리고 그렇게 치열했던 1년이 지나자, 반대하던 가족들이 조금씩 마음을 열기 시작했습니다. 그 후 저는 서울로 갤러리를 옮길 수 있었고, 제 인생의 두 번째 챕터가 시작되었습니다.

2014년, 정말 운이 좋게도 저는 한 일간신문에서 미술 칼럼을

쓰게 되었습니다. 전문 작가도 비평가도 아니었지만, 미술을 진심으로 좋아했던 마음이 글로 전해졌는지 예상보다 독자들의 반응은 따뜻했습니다.

그리고 갤러리를 시작할 무렵과 동시에 전국의 아트페어에 참가하기 시작했습니다.

작품을 판매하는 일은 쉽지 않았지만, 늘 제가 진심으로 좋아하는 작품들을 전시장에 걸었습니다. 그게 전부였습니다. 그런데 사람들에게 그 진심이 통했는지 나가는 아트페어마다 작품 판매량은 상위권을 기록했고, 어느 순간 작가들 사이에서 '작품을 잘 파는 갤러리스트'로 알려지기 시작했습니다.

그 기회를 바탕으로 2014년과 2015년에는 '전북대 박물관'과 '한지박물관' 등의 국공립 미술관에서 전시를 기획하게 되었고, 2018년에는 '서울국제아트엑스포'의 운영위원으로 활동하며 더 넓은 미술 생태계를 경험할 수 있었습니다.

2023년, 10년 가까이 썼던 미술 칼럼은 『초보 아트 컬렉터를 위한 멘토링』이라는 한 권의 책으로 출판되었고, 2023년부터 현재까지 갤러리아 백화점의 VIP 라운지 협업 전시 기획자로 전시를 기획하고 있으며, 지금은 서울 삼성동에 위치한 웨스틴 서울 파르나스(구 인터컨티넨탈 코엑스 호텔) 호텔에서 현대미술 갤러리를 운영하고 있습니다.

이 모든 시작은 단지 '미술이 좋아서'였고, 그 단순한 감정 하나가 저를 여기까지 데려다주었습니다.

　이 책은 그래서, 단순히 갤러리스트가 되는 방법만을 알려주는 책이 아닙니다.

　당신도 할 수 있다는 믿음을 심어주는 책이 될 것입니다.

　갤러리에서 일하는 삶이 어떤 것인지 궁금한 이들, 지금 어디서부터 시작해야 할지 막막한 이들을 위한 현실적인 나침반이자, 작은 용기를 내고 싶은 사람에게 전하는 진심 어린 응원이 담긴 책입니다.

　그리고 언젠가, 당신의 이름으로 전시를 열게 될 날을 저는 누구보다 응원합니다.

　왜냐하면 저는 알고 있으니까요.

　미술을 사랑하는 그 마음 하나면, 이미 충분하다는 것을.

　　　　　　　언젠가 당신의 손끝에서 피어날 전시를 기대하며,

　　　　　　　　　　　　　　　　　　　　　나하나

목차

추천사
프롤로그

PART 1	예술은 어디서 살아 숨 쉬는가?
	작품이 걸리고, 이야기가 시작되는 곳들

미술관, 갤러리, 전시장: 예술 공간의 3종 세트	21
상업 갤러리, 그 은밀한 세계	27
백화점과 호텔에 그림이 걸리는 이유	37
아트페어부터 팝업까지, 미술이 시장과 만났을 때	45
공간이 전시를 만든다: 벽, 빛, 동선 이야기	52
화랑, 쇼룸, 그리고 온라인 뷰잉룸	58

PART 2	갤러리스트는 어떤 사람인가요?
	기획자이자 예술의 연결자, 그 복합적인 정체성

갤러리스트 vs 큐레이터 vs 아트딜러	65
기획, 세일즈, 운영까지 갤러리 안의 직무 지도	71
갤러리에서 일하는 사람들의 공통점	78
예술 감각? 시장 감각? 필요한 건 둘 다	84
커뮤니케이션, 감수성, 태도: 갤러리스트의 자질	90
취향을 넘어서 전략으로	96

PART 3	갤러리로 들어가는 문을 열며
	취업과 실무, 첫발을 내딛는 당신에게

갤러리 인턴십의 리얼 이야기 103
이력서와 자기소개서 핵심 전략 109
면접에서 진짜로 듣고 싶은 대답 114
포트폴리오에 넣어야 할 것과 빼야 할 것 121
전시를 보는 눈, 기록하는 법 127

PART 4	전시를 만드는 사람들
	기획에서 오프닝까지, 무대 뒤의 예술 이야기

전시 기획의 시작과 끝 135
작가 선정부터 계약까지, 실전 프로세스 141
전시장은 무대다: 구성과 연출 147
도록, 리플릿, 캡션: 말 없는 안내자들 153
설치와 디스플레이, 작품이 자리를 잡기까지 161
오프닝 이벤트, 예술을 축제로 만드는 순간 168
외부 협력자와의 찰떡 커뮤니케이션 175

PART 5 | 아트딜러의 시선으로
작품을 '파는' 것이 예술을 '잇는' 일이 될 때

작품은 누가, 어떻게 판매하나	183
가격의 비밀: 숫자 뒤의 전략	190
고객 응대 기술과 진심	197
VIP 응대와 네트워크 만들기	203
판매 이후가 더 중요하다: 계약, 보증, 운송	209
아트페어에서 살아남기	216

PART 6 | 갤러리스트의 실전 스킬
보이지 않지만 반드시 필요한 실무의 세계

SNS는 갤러리의 또 다른 전시장	223
카드뉴스, 보도자료, 영상까지: 홍보 콘텐츠 만들기	230
전시 기록, 사진과 데이터 관리법	236
작가 노트부터 비평문까지: 글로 정리하는 미술	242
고객 DB, CRM, 그리고 단골의 힘	248
갤러리의 수익 모델, 지속 가능성을 말하다	254

PART 7 | 나만의 길을 만드는 법
갤러리스트 커리어의 확장과 창업 스토리

갤러리 안에서 성장하는 루트들	261
갤러리를 창업할 것인가, 독립 기획자가 될 것인가	266
작가 발굴, 포트폴리오 큐레이션의 모든 것	272
한국 미술시장 구조 한눈에 보기	278
1차, 2차, 그리고 경매시장	284
NFT, 디지털 아트, 온라인 갤러리의 현재와 미래	290
협업과 컬래버, 더 큰 세계로 나아가는 방법	296

PART 8 | 예술과 오래 함께하기 위해
번아웃 없이, 꾸준히 사랑하며 일하는 법

예술과 현실 사이의 균형 잡기	303
감정노동을 견디는 감각	308
갤러리 안에서의 인간관계	313
예술을 계속 사랑하기 위한 나만의 관람법	318
내가 기억하는 아름다운 전시	324
갤러리에서 성장한 나의 이야기	328

에필로그
미술을 사랑하는 그 마음으로 시작하세요

PART 1

예술은 어디서
살아 숨 쉬는가?

작품이 걸리고, 이야기가 시작되는 곳들

미술관, 갤러리, 전시장: 예술 공간의 3종 세트
- 작품이 전시되는 다양한 공간들

"갤러리랑 미술관의 차이는 뭐예요?"

갤러리 일을 하면서 가장 많이 듣는 질문 중 하나입니다.
전시를 보는 공간이라는 점에서 갤러리와 미술관을 혼용해서 쓰기도 하며, 때로는 전시장이라고 부르기도 합니다.
이들의 차이는 무엇일까요?

미술관: 공공성과 교육의 공간

뉴욕 메트로폴리탄 뮤지엄(The Metropolitan Museum of Art)

　미술관은 국가나 공공기관 혹은 재단에서 운영하는 비영리 기관입니다.
　작품을 보관하고 연구하며 대중에게 보여주기 위해 전시를 하는 것이 목적입니다. 미술관은 수익을 내는 것이 목적이 아니라, 문화적 가치의 보존과 교육이 중심에 있습니다. 예를 들면, 국립현대미술관이나 서울시립미술관처럼 누구나 입장할 수 있으며, 공공의 문화 자산으로 기능을 하는 곳을 말합니다.
　미술관은 보통 큐레이터라 불리는 '학예연구사' 등의 전문 인력이 체계적으로 전시를 기획하고, 작가와 작품을 아카이빙(Archiving)

하거나 연구하는 업무를 병행합니다. 또 어린이 교육 프로그램이나 시민 참여 프로그램도 많이 운영됩니다. 미술관은 전시 외에도 출판 보존, 연구 등 다양한 부서가 존재합니다.

갤러리: 작품을 전시하고 판매하는 공간

서울 종로구 삼청동 학고재 갤러리

갤러리는 상업적인 전시공간입니다.

갤러리는 작가의 작품을 전시하고, 판매하는 것이 주요 목적입니다.

즉, 작품을 전시하는 쇼룸이자, 예술을 다루는 '전문 판매점'인 셈입니다.

갤러리에서는 전시의 완성도와 작가와의 협업도 중요하지만, 기본적으로 반드시 수익이 나야 운영이 지속될 수 있습니다.

갤러리는 보통 개인이나 소규모의 팀이 운영하고 있고, 작가를 발굴하거나 관리하는 역할도 합니다. 때로는 한 작가와 전속 계약을 맺어 장기적으로 함께하기도 하고, 신진작가의 첫 전시를 기획해서 열어주는 경우도 많습니다.

이처럼 갤러리에서 일하면서 모든 것을 기획하고 조율하며, 작품을 사랑하는 사람과 연결하는 중간자 역할을 하는 사람이 바로 '갤러리스트'입니다.

전시장: 임시적이고 목적 중심적인 공간

갤러리아 백화점 VIP 라운지의 전시공간

'전시장'이라는 말은 조금 더 중립적인 용어입니다.

사실 전시는 갤러리와 미술관 외에도 백화점, 호텔, 복합문화공간 등에서도 열릴 수 있는데, 이런 곳을 통칭해 전시장이라고 부릅니다. 전시장은 운영목적도 다양하고, 상업성과 공공성을 동시에 지닐 수 있습니다. 예를 들어, 백화점의 VIP 라운지에서 열리는 전시는 상업 공간이지만, 작품을 통해 브랜드의 이미지를 만들고 문화를 연결하는 역할도 합니다. 또, 대학 박물관, 지역문화센터 등도 전시장이 될 수 있는데, 이 경우 주로 지역의 작가들을 지원하거나 시민 문화 향유의 목적을 가집니다.

나는 어디서 일하고 싶을까?

이제 스스로에게 물어볼 차례입니다.
나는 어떤 공간에서 일하고 싶은가요?
안정적이고 체계적인 미술관?
작품을 직접 다루고 작가와 가까운 갤러리?
유연하고 다양한 전시가 가능한 복합공간?

정답은 없습니다. 하지만 이 질문을 해보는 순간부터, 당신은 단순히 '나는 미술이 좋아요'라는 감정에서 한 걸음 나아가고 있는 겁니다.

구분	미술관	갤러리	전시장
목적	연구·보존, 교육	전시, 판매	목적에 따라 다양
운영	공공기관, 재단	개인, 상업 운영	기업, 지자체 등
주요 업무	아카이빙, 학예연구, 교육	기획, 판매, 고객 응대	기획, 홍보, 브랜딩 등
직무	큐레이터, 학예사	갤러리스트, 어시스턴트	전시 기획자, 운영자 등

상업 갤러리, 그 은밀한 세계
- 예술과 시장 사이, 작품과 세상이 연결되는 첫 번째 창구

"상업 갤러리는 작품을 파는 곳이죠?"

갤러리에서 일한다고 하면 종종 듣는 말입니다.
이 말은 반은 맞고, 반은 조금 다르게 설명할 수 있습니다.
사실 갤러리는 단순히 '작품을 전시하고 판매하는 공간' 그 이상이라고 할 수 있습니다. 갤러리는 작가의 세계를 세상에 처음 소개하는 장소이자, 미술시장에서 작품이 처음으로 유통되는 출발점입니다. 즉, 관람객과 예술을 연결하는 다리와도 같습니다.
특히 상업 갤러리는 예술이 누군가의 사적인 감상에 머물지 않고, 사람들과 만나고 이야기하며 사회 속에서 기능하는 '공적 예술'로 살아가도록 돕는 역할을 합니다.

상업 갤러리란 무엇인가요?

상업 갤러리는 말 그대로 '작품을 판매하는 활동'을 중심으로 운영되는 공간입니다.

작품이 판매되면 그 수익으로 갤러리를 유지하고, 작가의 활동도 지원하며 또 다음 전시를 기획할 수 있게 됩니다. 하지만 상업 갤러리가 단순한 판매 공간만은 아닙니다.

작가를 발굴하고, 작품의 의미를 세상에 전달하며, 컬렉터와 작품을 연결해 주는 복합적인 문화공간이라고 할 수 있습니다.

상업 갤러리의 주요 역할
- 작가 발굴 및 육성
- 전시 기획 및 운영
- 작품 유통 및 컬렉터 관리

이 세 가지는 서로 긴밀하게 연결되어 있습니다.

좋은 작가를 발굴하면 좋은 전시가 가능하고, 전시가 잘 기획되면 작품이 더 잘 전달됩니다.

그러면 작품은 판매로 이어질 수 있으며, 다시 갤러리와 작가가 함께 성장할 수 있는 구조가 만들어지는 것입니다.

상업 갤러리 안에서는 어떤 일이 벌어질까요?

갤러리마다 규모는 다양합니다.

1인 대표가 모든 걸 혼자서 하는 갤러리도 있고, 큐레이터, 마케터, 디자이너, 세일즈 매니저까지 팀을 갖춘 중대형 갤러리도 있습니다. 하지만 갤러리의 구조는 보통 아래와 같이 네 가지 기본 축으로 나눌 수 있습니다.

1. 기획팀

아티스트와의 미팅

- 작가 선정
- 전시 콘셉트 기획

- 공간 구성 및 조명 방향
- 기획노트와 타이틀 정하기

전시 기획은 단순히 전시 일정을 정하는 게 아닙니다. 기획팀은 어떤 전시를 열 것인지 늘 고민합니다. 또, 작가의 이야기를 어떻게 세상에 잘 풀어낼 수 있을지, 작품은 어떤 메시지를 담고 있으며, 갤러리는 어떤 시선으로 보여줄지를 세밀하게 고민하는 일이 바로 기획팀의 핵심 업무입니다.

2. 운영팀

갤러리 작품 설치 사진

- 공간 관리, 예약 응대
- 전시 설치 일정 조율
- SNS 운영, 홍보물 제작
- 작가 및 외부 협력업체와의 일정 맞추기
- 회계, 계약서, 정산 업무

운영은 갤러리의 숨결과 같은 매우 중요한 역할이라고 할 수 있습니다. 그래서 갤러리 운영팀은 어떻게 하면 매일 갤러리가 움직일 수 있을지 고민합니다. 눈에 보이지 않지만 사실상 가장 많은 시간과 정성이 들어가는 부분이기도 합니다.

3. 세일즈팀

갤러리에서 작품을 설명하는 사진

- 방문 고객 응대
- 작품 설명 및 제안
- 계약 및 작품 보증서 작성
- 운송·설치 일정 조율
- 컬렉터와의 관계 유지

세일즈라고 해서 꼭 '판매 영업'처럼 느끼실 필요는 없습니다. 예술을 누구에게 어떻게 소개할 것인가를 잘 연구하고, 그 의미를 잘 전달할 수 있다면, 그 자체로도 훌륭한 '판매'가 된다고 할 수 있습니다.

4. 마케팅팀: 전시를 세상에 알리는 방법을 연구

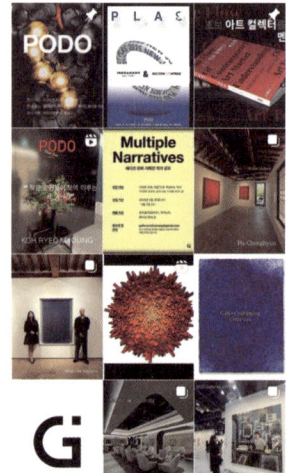

인스타그램, 전시 홍보 사진과 전시 포스터

- 카드뉴스, 릴스, 인터뷰 콘텐츠 제작
- 작가 소개 포스터 디자인
- 보도자료 작성 및 언론 배포
- 아트 플랫폼 등록
- 뉴스레터, 고객 DM 발송

마케팅팀은 앞의 과정들을 거쳐서 연 전시를 어떻게 세상에 알려야 할지 그 방법을 연구한다고 할 수 있습니다. 사실상 전시를 홍보하지 않으면 사람들은 이 전시가 시작되었다는 걸 모르는 경우가 대부분입니다. 따라서 반드시 마케팅을 통해 전시를 알려야 합니다.

좋은 전시일수록, 좋은 방식으로 널리 알려야 존재할 수 있습니다. 그러한 이유로 요즘은 갤러리도 마치 작은 미디어처럼 스스로 콘텐츠를 기획해야 하는 시대라고 할 수 있습니다.

상업 갤러리, 무슨 역할을 하나요?

1. 갤러리스트, 작가의 첫 시작을 돕는 발굴자

신진작가에게 갤러리는 가장 첫 번째로 자신을 대중에게 소개할 수 있는 창구입니다.

이곳에서 작가가 말하고자 하는 것을 잘 이해하고, 그 메시지가 관객과 만날 수 있도록 전시라는 형식으로 풀어내는 사람이 바로 '갤러리스트'입니다.

2. 전시 기획자, 전시 콘텐츠를 기획하는 사람

전시 기획자는 단지 전시를 통해 작품만 보여주는 사람이 아닙니다.

전시할 작품의 맥락과 의미를 공간, 조명, 동선, 캡션, 리플릿 등을 이용해 서사적으로 구성하는 사람을 말합니다. 즉, 전시 기획자에게 갤러리는 하나의 무대이며, 기획자는 그 공간을 해석의 공간으로 탄생시킨다고 할 수 있습니다.

3. 아트딜러, 예술을 유통하는 사람

아트딜러는 작가의 의도와 컬렉터의 감성을 중간에서 연결해 주고 이를 판매까지 이어지게 하는 사람입니다. 컬렉터에게 작품을 소개하고, 그 감정을 공유하고, 신뢰로 관계를 이어가는 일은 결코 물건을 파는 것처럼 단순하지 않기 때문에 아트딜러의 일은 꽤 난이도가 있다고 할 수 있습니다.

4. 예술 커뮤니티, 예술을 함께 공유하는 공간

예술 커뮤니티는 매우 다양한 방법으로 존재합니다. 아티스트 토크, 아트 클래스, 워크숍, 아트 살롱 등으로 사람들이 예술을 가까이에서 체험하고 교류할 수 있는 시스템이며 이는 문화 플랫폼이 되기도 합니다.

상업 갤러리는 어떻게 수익을 내나요?

많은 사람들이 가장 궁금해하는 부분입니다.
상업 갤러리는 보통 작품 판매 수익의 일부(약 30~50%)를 갤러리가 가져가는 구조로 되어 있습니다. 하지만 요즘은 작품 판매 이외에도 여러 가지 방식으로 수익을 창출합니다.

- 전시 대관 수익
- 기업 및 브랜드 컬래버
- 아트 클래스, 강연, 도슨트 운영
- 아트상품·에디션 판매
- 작품 대여(호텔, 오피스 등)
- 온라인 플랫폼 판매(Artsy, Artnet 등)

현대의 갤러리는 단지 작품만 판매하는 곳이 아니며, 점점 예술과 콘텐츠를 결합한 융합 공간이 되어가고 있습니다.

갤러리, 이 작은 공간이 왜 중요할까요?

갤러리는 작가의 내면이 처음 세상과 만나는 장소입니다. 또, 누군가의 삶 속으로 예술이 들어가는 '첫 문'이기도 합니다. 하지만 어떤 분들은 갤러리를 '상업적'이라고 말하며 다소 차갑게 보기도 합니다. 하지만 반대로 작품을 사랑하고 수집하고자 하는 애호가들에게는 작품을 소장할 수 있는 반드시 필요한 공간입니다.

따라서 저는 이렇게 말하고 싶습니다.

"갤러리는 예술이 누군가의 삶으로 들어가서 삶을 풍요로워지도록 다리 역할을 하는 공간입니다"

백화점과 호텔에 그림이 걸리는 이유
- 갤러리 밖의 갤러리들, 예술이 스며든 새로운 공간

　십수 년 전만 해도 그림은 '내가 직접 가야만 볼 수 있는 것'이었습니다. 그래서 우리는 그림을 보기 위해 미술관, 갤러리, 전시장 등으로 마음먹고 찾아가야만 했습니다. 하지만 요즘은 조금 달라졌습니다. 쇼핑하러 간 백화점에서도, 호텔 로비에서도 커피를 마시는 카페에서도 그림과 우연히 마주칠 수 있는 시대가 되었습니다.
　이처럼 갤러리 외부에서 열리는 전시, 즉 백화점·호텔·플랫폼 등의 공간에서 기획되는 전시는 최근 몇 년간 급격히 증가하였습니다. 따라서 우리는 고개만 돌리면 그림을 볼 수 있을 정도로 그림을 쉽게 볼 수 있는 세상에 살고 있습니다. 이는 예술계에 새로운 유통 채널의 확장을 보여주는 현상이라고 할 수 있습니다.

왜 갤러리 밖에서 전시가 열리기 시작했을까?

1. '전시장은 낯설다'는 사람들의 거리감

대중에게 갤러리는 여전히 낯선 공간이라고 할 수 있습니다. 미술이 많이 대중화가 되었다고는 하지만 여전히 많은 사람들은 갤러리 앞에서 멈칫합니다. '내가 들어가도 되나?', '갤러리에 가면 그림을 사야 하나?' 같은 부담감은 여전히 사람들에게 갤러리에 대한 거리감을 만들고 있습니다.

그런데 백화점이나 호텔은 어떤가요?

누구든 자유롭게 드나들 수 있고, 익숙한 동선 안에서 자연스럽게 예술과 마주하게 됩니다.

따라서 갤러리는 대중의 일상으로 편안하게 들어가기 위해서는 그 문턱을 낮춰야 했으며, 그중 가장 현실적인 방법이 바로 공간을 바꿔서 전시하는 것이었습니다.

2. 미술시장의 대중화와 신진작가 시장의 확대

최근 몇 년 사이, 30~40대의 MZ세대 컬렉터들이 미술품을 구매하기 시작하면서 시장에도 변화가 생겼습니다. 이전에는 주요 컬렉터의 연령층이 50~60대였고 컬렉터가 '갤러리에 직접 방문'해서 작품을 고르는 방식이었다면, 현재의 컬렉터들은 우연히 보게 된 전시에서 작품이 마음에 들어 구매하는 경우가 많아졌습니다. 또, 백화점이나 호텔, 플랫폼 전시가 활성화되면서 갤러리에 유입할 수 있는 문도 확장되었고 상대적으로 작품가가 저렴한 신진작가의 전시도 더욱 많아졌습니다.

3. 갤러리의 생존 전략, 협업의 시대

사실 갤러리를 운영한다는 것은 결코 쉬운 일은 아닙니다.

고정 월세, 인건비, 홍보 비용 등 운영비는 계속해서 빠져나가지만, 판매가 매달 보장되지는 않기 때문입니다. 따라서 백화점이나 호텔, 브랜드 등에서 "전시를 함께 기획해 보자"는 제안을 받는다면, 갤러리 입장에서는 좋은 노출의 기회이자 현실적인 수익 모델이 될 수 있습니다. 이처럼 다양한 기관과 협업을 통해 전시를 보여주는 것은 갤러리 운영에도 큰 도움이 된다고 할 수 있습니다.

4. 백화점 전시, 쇼핑과 예술 사이의 감성 결합

요즘 많은 대형 백화점에서 VIP 라운지나 문화센터 공간, 로비 층에 전시를 상시 운영하고 있습니다. 국내에는 대표적으로 갤러리아 백화점, 신세계 백화점, 현대백화점, 롯데백화점 등이 있습니다.

각 공간의 전시 특징

1. 백화점 전시

갤러리아 백화점 VIP 라운지 공간 전시

- 고객 유입이 자연스럽다.

작품을 보기 위해 오지 않아도, 쇼핑 동선 속에서 고객들은 전시를 '경험'하게 됩니다.

- 소비 감정과 연결된다.

고가의 상품을 구매하려는 고객은 예술 작품에도 소장가치를 느끼기 쉽고, 구매 욕구가 감성적으로 연결됩니다.

- 작품 판매 전환율이 높을 수 있다.

특히 중소형 작품이나 에디션, 드로잉 등은 '백화점에 왔다가 한 점 구매'라는 흐름이 실제로 자주 발생합니다.

여기서!! 갤러리스트의 역할
- 브랜드와 협업할 수 있는 기획력

작품이 단지 전시되는 것을 넘어, 공간 전체의 분위기와 상품의 톤과 어우러지도록 큐레이션을 해야 합니다.

- VIP 고객 응대 능력

백화점 VIP 고객은 고액 소비 경험이 있는 분들이 많습니다. 따라서 작품 설명과 응대에 있어서 품격이 있는 언어와 태도가 요구됩니다.

2. 호텔 전시: 예술이 일상이 되는 공간

인천 파라다이스 호텔 전시공간

호텔은 최근 전시공간으로도 점점 주목받는 장소입니다.

특히 강남권, 제주권, 부산 해운대권의 고급 호텔들은 브랜드 이미지 제고를 위해 예술 콘텐츠와의 결합을 선호하고 있습니다.

호텔 전시의 장점

- 고객 체류 시간이 길다.

호텔 투숙객은 전시장을 '지나치는 관람객'이 아니라, 자연스럽게 여러 번 접하는 관람자가 됩니다. 심지어 같은 층에 머물며 작품과 며칠을 함께하기도 합니다.

- 해외 고객, 미술 애호가 등의 타깃층과 만날 수 있다.

외국인, 고소득층, 문화 소비자들과의 연결이 가능합니다. 특히 국내 작가를 해외에 소개할 수 있는 첫 창구로도 기능할 수 있습니다.

- 브랜드 가치 상승

호텔 입장에서는 단순한 인테리어보다 살아 있는 예술 콘텐츠를 공간에 두는 것이 고객 만족도와 브랜드 이미지 모두에 도움이 됩니다.

3. 라이프스타일 플랫폼 전시: 공간의 감성화

가구 브랜드 더멘션 쇼룸 공간

　최근에는 아트와 라이프스타일을 접목한 복합문화공간들이 많아졌습니다. 예를 들어, 한남동의 아트 살롱, 성수동의 팝업 플랫폼, 카페 겸 전시공간, 가구 브랜드 쇼룸과의 협업 등은 비(非)예술 공간이지만 예술적 감도를 가진 장소들이라고 할 수 있습니다.
　이런 전시의 매력은 무엇일까요?
　첫째, 관람자가 젊다는 것입니다. 이러한 장소에는 주로 2030세대가 자주 드나들기 때문에 SNS 확산이 빠릅니다. 둘째, 구매는 적지만 브랜드 인식에는 효과적이기 때문에 엄청난 광고 효과가 있습니다. 셋째, 아트상품, 굿즈, 에디션 등이 연계되어 판매될 가능성이 높다는 것입니다. 마지막으로 '공간 경험'이라는 새로운 방식으로 예술 소비를 확장 시킬 수 있다는 것입니다. 이런 전시들은 사실상 직접적인 판매보다는 브랜드 홍보, 작가 프로모션, SNS 콘텐츠 확산 등의 목적이 더 강하다고 할 수 있습니다. 하지만 브랜드와 작가를 가장 빠르게 알릴 수 있는 강력한 마케팅의 수단이기 때문에 이런 전시들 또한 하나의 중요한 성과라고 할 수 있습니다.

아트페어부터 팝업까지,
미술이 시장과 만났을 때
— 전시가 아닌 '시장'으로서의 예술

"이 그림, 어디에서 봤더라?"

한 작품이 기억에 남는 건 때로는 그 공간 때문이 아니라, 그 그림을 만났던 현장의 분위기와 감정 때문이기도 합니다.

요즘은 갤러리 안에서만 작품을 만나는 시대가 아닙니다. 예술은 점점 더 이동하고, 이벤트처럼 열리고, 즉흥적으로 소개되는 방식으로 변화하고 있습니다. 그 대표적인 장(場)이 바로 아트페어, 아트마켓, 그리고 팝업 전시입니다.

이 세 가지 전시의 형태는 어떤 성격을 가지고 있으며, 상업 갤러리와는 어떤 관계를 맺고 있을까요?

아트페어: 예술의 장터, 그리고 전쟁터

아트페어 전경

아트페어는 전 세계 갤러리들이 한자리에 모여서 작품을 전시하고 판매하는 초대형 미술 장터입니다. 아트페어는 일반적으로 3~5일 동안 열리는 단기 집중 전시라고 할 수 있습니다. 장소는 보통 컨벤션 홀, 대형 호텔, 전시장 등이며, 수많은 국내외 갤러리들이 참가하고 컬렉터나 미술계 종사자 외에도 일반 관람객까지 다양한 사람들이 방문합니다. 갤러리들은 아트페어에서 부스를 나눠 각 갤러리별로 전시를 하며, 현장에서 바로 작품을 판매하는 시스템입니다.

아트페어는 국제 아트페어와 국내 아트페어가 있는데, 세계적으로 유명한 아트페어에는 아트 바젤(Art Basel), 프리즈 아트페어(Frieze Art Fair) 등이 있으며, 국내의 대표적인 아트페어로는 키아프(Kiaf) 서울, 부산아트페어, 서울 아트쇼, 제주 아트페어 등이 있습니다. 또 호텔 객실을 갤러리처럼 꾸며서 전시하는 호텔 아트페어도 있습니다.

아트페어의 특징은 정해진 기간 안에 많은 작품을 소개할 수 있다는 것입니다. 따라서 갤러리는 방문객의 관심을 끌기 위해 작품, 부스 디자인, 직원 응대까지 전략이 필요합니다. 왜냐하면, 아트페어에서는 단 하루 만에 수십 건의 상담이 오가기도 하고, 어떤 부스에서는 첫날 대부분 판매가 되는 일도 생기기 때문입니다.

아트페어에서 갤러리스트의 역할

- 출품 작가 선정 및 작품 구성: 아트페어에 적합한 사이즈·스타일·가격대 고려
- 가격정책과 할인 여부 사전 결정
- 부스 디자인 기획: 조명, 작품 배치, 도록 준비
- 작품 운송, 보험, 포장 및 보관 계획
- 현장 응대 훈련: 단기간에 다양한 관람객을 응대할 능력 필요

아트페어는 말 그대로 기회의 장이자 경쟁의 무대입니다. 갤러리 입장에서는 작가를 널리 알릴 수 있는 기회이기도 하며, 동시에 짧은 시간 안에 수익을 낼 수 있는 집중 세일즈의 기회이기도 합니다. 하지만 준비가 부족하면, 큰 비용과 에너지만 쓰고 성과 없이 끝날 수 있는 리스크가 높은 전시 형태라는 점을 반드시 인식해야 합니다.

아트마켓: 지역을 기반으로 하는 생활 밀착형 예술 장터

아트마켓 사진

아트마켓은 아트페어와 비슷해 보일 수 있지만, 보다 소규모이고 참여 진입장벽이 낮으며 대중적인 분위기가 특징이라고 할 수 있습니다.

아트마켓이란 주로 지역의 문화재단이나 예술기관이 기획하는 작가 직거래형 아트 판매 행사라고 할 수 있습니다. 대부분 작가 본인이 직접 참여하며, 때론 갤러리가 대리로 판매하는 경우도 있습니다. 판매작품은 회화뿐 아니라, 사진, 드로잉, 아트상품이나 판화, 굿즈 등으로 매우 다양하다고 할 수 있습니다.

아트마켓은 서울 아트마켓, 청주 공예 비엔날레 아트마켓, 전주 아트마켓, 성북 아트마켓 등이 있으며, 이들 대부분이 공공기관의 지원을 받아 열립니다. 또 갤러리들이 참여하는 아트페어에 비해 참가비나 장소 제공이 저렴하거나 무료이기도 합니다.

  아트마켓의 장점은 첫째, 신진작가나 갤러리에게 진입 문턱이 낮다는 점, 둘째, 일반 시민과의 소통의 기회가 많아서 어떤 작품이 인기가 많은지 그 반응을 즉시 확인할 수 있다는 점, 셋째, 아트페어 대비 운영비에 대한 부담이 적고 홍보 효과가 크다는 점이 있습니다. 하지만 주의할 점은 작품의 가격이 너무 낮아지지 않도록 작가의 '시장 포지셔닝'을 사전에 정리해야 한다는 것입니다. 또, 판매가 중심이라기보다는 고객관의 관계를 형성하고 브랜드를 알리기 위한 홍보 수단으로 더 적합하다고 할 수 있습니다. 즉, 아트마켓은 예술을 소비재처럼 자연스럽게 소개할 수 있는 창구라고 할 수 있습니다. 따라서 갤러리에서 전시하긴 아직 이르지만, 누군가에게 처음 보여주고 싶은 작품을 이런 자리를 통해 보여주고 반응을 보는 것도 좋은 전략이 될 수 있습니다.

팝업 전시: 짧고 강렬하게, 순간을 잡는 기획

도쿄 타츠야마 서점의 팝업 전시

팝업 전시란 말 그대로 잠깐 열리는 전시입니다. 하지만 그 안에 아주 강한 메시지와 콘셉트를 담는 형태로 열 수 있습니다. 팝업 전시는 보통 3일에서 2주 이내의 짧은 기간으로 기획됩니다. 장소는 주로 카페나 쇼룸, 공방이나 공유 오피스 등이었지만, 요즘에는 백화점이나, 서점뿐 아니라 문화센터 등의 비예술 공간에서도 전시가 열립니다. 팝업 전시는 SNS나 입소문을 통해서 자연스럽게 확산되며 홍보를 할 수 있는 효과가 있습니다.

사실 팝업 전시는 단순한 전시라기보다 하나의 기획형 브랜드 콘텐츠에 가깝다고 할 수 있습니다. 공간, 상품, 예술을 하나로 엮어, 라이프스타일 전반과 예술이 만나는 실험의 장이 되는 경우가 많다고 할 수 있습니다. 실제로 커피숍에서 열리는 일러스트 작가 전시,

가구 브랜드 쇼룸에서의 전시, 도심 속 공간을 활용한 야외 팝업 아트쇼 등이 그 예라고 할 수 있습니다.

팝업 전시에서 갤러리스트의 역할

- 팝업 전시는 홍보력이 전시의 전부이므로 SNS를 통한 콘텐츠 기획 필요
- 작품 판매보다 작가와 브랜드 이미지 연결이 핵심 목적
- 짧지만 강렬한 콘셉트가 필요

공간이 전시를 만든다:
벽, 빛, 동선 이야기
- 벽, 빛, 동선이 말하는 큐레이션

전시를 본다는 것은 작품을 본다는 말과는 조금 다르다고 할 수 있습니다.

관람객은 작품을 보기 전, 공간에 발을 들이는 순간부터 이미 어떤 감정을 느끼기 시작하기 때문입니다. 그 감정은 때로는 조명에서, 때로는 소리에서, 그리고 때로는 하얗게 비어 있는 벽면의 침묵에서 시작됩니다.

'작품이 말하는 메시지를 어떻게 하면 관객에게 잘 전달할 수 있을까?'

갤러리스트는 늘 이 질문 앞에 서 있어야 합니다. 그리고 그 질문의 해답은 종종 공간이라는 보이지 않는 언어 속에 숨어 있습니다.

미국 시애틀의 프라이(Frye Art Museum) 뮤지엄

공간, 그 자체가 언어입니다

전시장에서의 공간은 단순한 배경이 아닙니다.

전시장은 작품을 돋보이게 하기 위한 무대이기도 하지만, 작품과 함께 의미를 만들어 내는 곳이기도 합니다. 예를 들어, 작은 평면 작업이라면 액자의 재질, 높이, 간격, 여백의 벽면에 걸리는 방식을 선택하는 것부터 관람자에게 줄 인상을 결정합니다. 또, 입체 작품이라면 바닥 위의 위치, 받침대의 높이, 조명 각도, 이동 동선까지 고려해야 하며, 영상 설치 작업이라면 소리가 어떻게 퍼지는지, 빛이 벽에 반사되는지, 다른 작품 감상을 방해하지는 않는지를 섬세하게 점검해야 합니다. 공간은 사실상 전시에 가장 많은 것을 말해주는 요소라고 할 수 있습니다.

연출의 네 가지 기본 요소

1. 조명: 시선이 머무는 곳을 결정합니다

조명은 단순히 밝고 어두움의 문제가 아닙니다. 작품의 질감, 색감, 분위기까지 조명의 방향, 색온도, 밝기에 따라 완전히 다르게 느껴질 수 있기 때문입니다. 예를 들어 부드러운 수채화에는 차가운 LED보다는 따뜻한 할로겐 톤이 어울립니다. 입체 작품은 조명을 한쪽 측면에서 사선으로 비추면 입체감이 강조돼 관객이 작품을 '둘러보게' 만듭니다. 하지만 과도한 조명은 작품의 디테일을 날려버릴 수도 있고, 갤러리 전체를 너무 과장되어 보이게 만들 수도 있습니다. 따라서 늘 조명을 적절하게 사용해야 합니다. 적절한 조명이야말로 작품과 관객 사이를 부드럽게 연결하는 역할을 하기 때문입니다.

2. 동선: 관객의 감정을 따라 걷는 길

전시를 본다는 것은 작은 여행과도 같습니다.
어떤 작품을 먼저 만나고, 어디서 멈춰 서게 되며, 또 어떤 작품에는 마지막 감정을 남기고 나옵니다. 하지만 그것은 사실 큐레이터가 설계하는 감정의 순서라고도 할 수 있습니다.
먼저 입구에는 첫인상을 결정짓는 인트로 작품을 배치하고, 가운

데서는 감정을 고조시키는 주제의 작품들을 배치할 수 있으며, 출구 근처에서는 여운을 남기는 스토리의 결말 같은 작품을 배치할 수 있습니다. 이처럼 작품의 순서와 위치를 고민하는 건 그 자체로 스토리텔링의 한 방법이라고 할 수 있습니다.

3. 여백: 말하지 않는 것의 힘

전시에 작품이 많다고 반드시 전시가 풍성해지는 것은 아닙니다. 작품과 작품 사이에는 반드시 어느 정도의 쉼이 있어야 합니다. 작품 사이의 여백이 충분할수록 작품 하나하나가 더욱 자기만의 시간을 가질 수 있습니다. 작품 간의 간격은 시각적인 템포를 조절하고, 공간의 호흡을 만들어 줍니다. 특히, 감정선이 강한 작품일수록 다음 작품과의 간격을 더 넓게 가져가야 합니다. 여백은 관객의 감정이 숨 쉴 수 있는 공간이며, 여백이 있어야 작품의 여운도 길게 남습니다.

4. 소리와 냄새: 공간의 '감각'을 완성하는 요소들

전시장의 소리와 냄새는 많은 분들이 인지하지는 못하지만, 사실상 관람객에게 강한 기억을 남깁니다. 예를 들면, 작은 음악이 흐르는 전시와 정적 속에 그림만 걸린 전시는 완전히 다른 느낌을 줍니다. 또한, 향기가 있는 공간은 감정을 자극하고 동시에 작품에 대한 기억을 더 오래 머물게 만들기도 합니다. 따라서 전시에 맞는 음악과 향기를 챙기는 것도 고려사항이라고 할 수 있습니다.

전시공간을 해석하는 안목 기르기

 공간을 읽는 감각은 단숨에 생기지 않습니다. 하지만 관찰의 습관을 가지면 조금씩 길러집니다. 먼저 좋은 전시를 볼 땐, 작품 대신 작품 사이를 보는 습관, 조명이 어디서 어떤 각도로 비추는지 확인해 보는 습관, 내가 서 있었던 위치에서 작품이 어떻게 보였는지 메모하는 습관 외에도 전시장에 들어섰을 때의 첫 느낌을 기록합니다. 이런 감각이 쌓여 습관이 되면, 내가 전시를 기획할 때, 그때 봤던 좋았던 공간의 기억들을 하나씩 꺼내서 활용할 수 있습니다.

공간은 결국 태도를 보여줍니다

 전시공간을 정성스럽게 구성한다는 것은 작품에 대한 존중이자, 작가에 대한 예의이며, 관객에 대한 배려라고 할 수 있습니다. 공간은 말하지 않지만, 그 안에 들어온 관람객은 '이 공간이 나를 어떻게 대하고 있는가'를 금방 느끼기 때문입니다. 보통 '이 전시는 누가 만들었을까?'라는 질문이 들게 하는 공간은 언제나 진심이 담긴 전시에서 나온다고 할 수 있습니다.

  갤러리스트는 작품을 고르는 안목, 작가를 이해하는 마음, 그리고 관객을 감싸는 공간의 감각까지 모두 갖춰야 하는 사람입니다. 그런 갤러리스트만이 관객의 발걸음을 멈추게 할 수 있습니다.

  지금 여러분이 서 있는 자리, 그 자리가 수많은 작품이 관객을 만날 공간이라면, 어떤 빛과 어떤 온도와 어떤 간격을 만들고 싶으신가요?

화랑, 쇼룸, 그리고 온라인 뷰잉룸

- 시대에 따라 변하는 전시의 플랫폼

갤러리를 떠올리면 보통 하얀 벽과 조용한 음악, 그리고 점잖게 옷을 갖춰 입은 관람객을 떠올립니다. 하지만 요즘의 예술은 꼭 그런 공간 안에만 머무르지 않습니다.

이제 작품은 벽에서 바닥으로, 오프라인에서 온라인으로, 그리고 갤러리에서 브랜드 쇼룸, 집, 호텔, 심지어 핸드폰 화면으로까지 그 경계를 넘어가고 있습니다. 따라서 우리는 예술이 머무는 다양한 형태를 알아야 합니다.

화랑과 갤러리는 같을까요?

한국에서는 '화랑'과 '갤러리'라는 단어가 섞여 쓰이지만, 사실 이 둘은 뿌리도 성격도 약간 다릅니다. 먼저 화랑은 전통적인 상업 미술 공간입니다. 1970~1980년대 국내 미술시장 형성 초기에 만들어진 전시공간은 대부분 화랑(畫廊)이라는 이름으로 시작했다고 할 수 있습니다. 당시 화랑은 미술관처럼 큐레이션보다는 작품의 전시와 판매 중심으로 운영되었으며, 서화(書畵), 동양화, 고미술과 한국 근현대 회화가 중심이 되었습니다. 또 당시 고객으로는 문화계 인사, 기업인, 교수 등과 일부 극소수의 컬렉터로 매우 제한적이었다고 할 수 있습니다.

 그러다가 1990년대 이후에 현대미술관과 컨템퍼러리 아트가 중심이 된 갤러리가 등장하게 됩니다. 갤러리는 현대미술 중심의 복합문화공간으로 전시와 큐레이션, 기획력과 브랜드 이미지를 중요하게 여겼으며. 단지 작품 판매를 위한 곳이 아닌 작품을 보여주는 곳으로의 개념을 강화했습니다. 공간의 분위기 역시 화랑에 비해, 더 미니멀하고 자유로운 분위기로 구성되었으며, 예술의 소비자층도 훨씬 젊어졌다고 할 수 있습니다. 하지만 현대에는 화랑이나 갤러리를 이름으로 구분하지 않으며 그 경계가 거의 사라졌습니다. 따라서 그 구분을 어떻게 하느냐보다는 이 공간들에서 전시를 어떻게 소개하고, 어떤 작가와 협업하며, 어떤 컬렉터를 대상으로 하느냐에 따라 그 성격이 달라진다는 것이 중요합니다. 즉, 이름보다는 그 공간이 보여주는 철학과 기획 방향이 더 중요한 시대가 되었다고 할 수 있습니다.

쇼룸에서의 전시: 브랜드와 예술의 결합

쇼룸 전시란, 예술 작품이 상업 공간이나 브랜드 매장 안에서 전시되는 형태를 말합니다. 예를 들어, 하이엔드 가구 브랜드 쇼룸에서 회화 전시를 한다거나, 명품 브랜드 매장에서의 전시 혹은 패션 브랜드와의 협업으로 진행된 전시 등은 단지 작품을 소개하는 것이 아니라, 공간 전체의 감도를 높이고 브랜드의 철학을 확장하는 역할을 합니다.

그렇다면 왜 브랜드는 예술과 손을 잡을까요?

그것은 그 브랜드의 이미지를 강화하고 싶기 때문입니다.

브랜드는 단순히 상품을 파는 것이 아니라, 가치를 판다고 할 수 있습니다. 예술이 가진 깊이와 독창성이 브랜드 이미지를 끌어올려 줄 수 있으며, 고객에게는 새로운 경험을 줄 수도 있습니다. 쇼핑하다가 작품을 만나게 하는 것은 고객에게 브랜드에 대한 감도를 높여주는 일입니다. 현시대는 공간이 콘텐츠가 되는 시대입니다. 사람들은 단순히 전시를 보러 간다기보다, 공간을 체험하고 사진 찍고, 공유합니다. 따라서 쇼룸 전시는 단순한 대관 전시라고 할 수 없으며, 쇼룸 전시를 기획하는 갤러리스트는 브랜드의 메시지와 작가의 세계를 매끄럽게 연결하는 기획 능력이 있어야 합니다.

쇼룸 전시에서 갤러리스트의 역할

- 브랜드의 컬러를 파악하기

- 공간 동선과 가구 배치까지 고려한 설치 계획을 세우기
- 고객의 시선 흐름에 따라 작품의 순서와 위치를 조율하기
- 작품이 장식이 아닌 메시지를 담고 있는 전시 기획

온라인 뷰잉룸(Viewing Room): 클릭으로 들어가는 전시장

프리즈 아트페어 온라인 뷰잉룸

현대 사회에서 '갤러리 방문 = 실제 공간 방문'이라는 전시의 공식은 깨졌다고 할 수 있습니다. 코로나 이후 전시 방식은 더 다양해졌으며, 그중 가장 빠르게 성장한 형태가 바로 온라인 뷰잉룸(Online Viewing Room, OVR)이라고 할 수 있습니다.

온라인 뷰잉룸이란 온라인상에 전시공간을 구현하는 방식입니다. 관람자는 갤러리 웹사이트, 아트페어 플랫폼, SNS 연동을 통해 작품을 감상할 수 있으며 구매도 할 수 있습니다. 온라인 뷰잉룸에 들어가면, 작품의 이미지와 함께 작가 노트와 작품에 대한 상세 설명, 영상, 360도 뷰어에 가격 문의 버튼까지 있습니다. 실제로 국제 아트페어인 Art Basel, Frieze 등은 자체 온라인 뷰잉룸 플랫폼을 운영하고 있으며, 국내 갤러리들도 네이버 아트윈도우나 카카오 갤러리 등의 플랫폼을 통해 온라인 전시를 병행하고 있습니다.

이러한 온라인 뷰잉룸은 갤러리 방문과는 다르게 거리와 시간의 제약이 없다는 것을 장점으로 꼽을 수 있습니다. 따라서, 해외 갤러리나 지방에 사는 고객들도 작품을 실시간으로 볼 수 있습니다. 또한, 영상, 사운드, 작가의 인터뷰까지, 보다 풍부한 정보를 제공할 수 있습니다. 또 클릭 한 번으로 갤러리와 연결이 되고 상담 → 문의 → 구매까지 빠르게 이어진다는 것은 매우 편리한 장점으로 꼽을 수 있습니다. 하지만 작품의 실제 질감이나 스케일, 작품의 깊이를 완전히 전달하기는 어렵다는 단점도 있습니다. 그래서 온라인 뷰잉룸은 사실상 전시 전체를 대체한다기보다, 전시의 사전 정보 제공용이나 구매 결정 보조 수단으로 활용하는 경우가 훨씬 많다고 할 수 있습니다.

이제 작품이 머무는 공간은 하나로 고정되어 있지 않습니다. 화랑은 오래된 신뢰를 기반으로 작품을 전시하고, 갤러리는 기획과 브랜드를 중심으로 작가를 소개하며, 쇼룸은 예술과 라이프스타일의 접점을 실험합니다. 또, 온라인 뷰잉룸은 공간의 경계를 넘는 새로운 접근을 시도하고 있습니다. 하지만 가장 중요한 것은 공간이 아니라, 작품이 지닌 메시지가 제대로 잘 전달되는가입니다. 그것을 판단하고, 가장 적절한 방식을 찾아 연결하는 사람이 바로 갤러리스트라고 할 수 있습니다. 따라서 갤러리스트는 작품을 보는 눈뿐만 아니라, 공간의 변화에 민감하게 반응할 줄 알아야 하며, 그에 맞는 새로운 방식으로 작품을 제안할 수 있는 감각이 필요합니다.

PART 2

갤러리스트는
어떤 사람인가요?

기획자이자 예술의 연결자, 그 복합적인 정체성

갤러리스트 vs 큐레이터 vs 아트딜러
- 닮았지만 다른 세 가지 역할

"갤러리에서 일하고 있다"라고 하면, 많은 사람들이 큐레이터인지, 아트딜러인지 묻곤 합니다.

갤러리스트, 큐레이터, 아트딜러.

사실 이 세 직업은 현장에서 서로 연결되어 있고, 또 어떤 사람은 혼자서 이 셋의 역할을 모두 하고 있기도 합니다. 하지만 분명하게 구분되는 전문성의 차이와 활동에는 중심축이 존재합니다. 갤러리스트와 큐레이터 그리고 아트딜러는 각자 어떤 역할을 하고 있으며, 각자의 역할은 어떤 사람에게 어울릴까요?

갤러리스트(Gallerist): 예술과 시장을 잇는 운영자

갤러리스트는 '갤러리를 운영하거나 책임지는 사람'을 말합니다. 갤러리스트는 갤러리라는 공간을 관리하는 것을 물론, 작가를 발굴하고, 전시를 기획하고, 작품을 유통하며, 고객을 응대하기도 합니다.

갤러리스트의 핵심 역할
- 갤러리 공간 운영 전반(기획, 마케팅, 세일즈, 대관 등)
- 작가 섭외 및 장기적 관계 구축
- 기획 및 실행
- 작품 가격 책정, 보증, 계약 등 유통 실무
- 아트페어, 협업 제안, 브랜드 파트너십 기획 등

실제 현장에서는 작가를 발굴한 후 보통 2~3년 이상 함께하며, 전시 기획부터 홍보, 판매까지의 전 과정을 관리하는 경우가 많습니다. 따라서 갤러리스트는 에이전트이며 현장파트너라 불리기도 합니다.

그렇다면 갤러리스트에 어울리는 사람은 어떤 사람일까요?

갤러리스트를 직업으로 삼기에 적당한 사람은 바로 예술을 사랑하지만 동시에 사업 감각도 있는 사람이어야 합니다. 사람을 설득하거나 자신의 말과 태도에 자신이 있어야 하며, 책임감을 가지고 꾸준히 한 작가를 밀어줄 수 있는 사람이 갤러리스트에 잘 어울립니다.

큐레이터(Curator): 예술의 개념을 설계하는 기획자

큐레이터는 '전시의 개념과 내용을 기획하는 사람'입니다. 어떤 작품을 보여줄지 결정하는 것은 물론 왜 이 시점에 이 주제를 다루는지, 어떻게 공간에서 전시를 풀어낼지 고민합니다.

> 큐레이터의 핵심 역할
> - 전시 주제 기획 및 서사 구성
> - 작가 및 작품 선정
> - 작품 배치 및 전시 구성도 설계
> - 캡션, 도록, 작가 노트 등 텍스트 작성
> - 학예적 설명과 사회적 맥락을 연결

큐레이터는 주로 외국에서는 학예사를 큐레이터라 부릅니다. 하지만 사전적 정의로는 전시 기획자, 운영자, 아트딜러, 에듀케이터 등의 갤러리에 관련된 일을 하는 사람을 큐레이터라고 합니다.

이들은 대부분 전공자가 많은 편이었지만, 최근에는 미술을 전공하지 않은 큐레이터들도 많습니다. 큐레이터는 주제를 기획하고, 작가를 선정하고, 텍스트와 전시 구성까지 그 전시의 전체를 책임진다고 할 수 있습니다. 또 이론적 사고와 비평적 글쓰기에 흥미가 있어야 하고, 주제 중심으로 예술을 연결하는 데 관심이 많은 사람이 큐레이터에 잘 어울립니다. 게다가 공공성과 예술 담론을 함께 고민하는 것을 즐기는 사람이라면, 훌륭한 전문 큐레이터가 될 수 있습니다.

아트딜러(Art Dealer): 작품을 눈여겨보고, 팔 수 있는 사람

아트딜러는 '작품의 가치를 알아보고, 그것을 고객에게 소개하고 판매하는 사람'입니다.

자신의 갤러리를 운영하는 경우도 있고, 독립적으로 활동하는 아트딜러도 있습니다.

아트딜러의 핵심 역할
- 작가의 작품을 컬렉터에게 소개하고 판매
- 블루칩 작가나 투자 가치 있는 작품을 중개
- 고객과의 관계 형성 및 장기 관리
- 작가의 시장 포지션 분석 및 작품 관리 조언

아트딜러의 일부는 마치 특정 작가의 전속 대리인처럼 활동하기도 하고, 일부는 고객의 요청에 맞는 작품을 찾아주는 컨설턴트형 딜러로 활동하기도 합니다. 또한, 아트딜러의 대부분은 고가 작품이나 해외 작가, 경매나 전시 이후 유통되는 2차 시장의 작품을 주로 다루는 경우도 많이 있습니다.

아트딜러는 '이 작품은 왜 주목받을까?'라는 질문에 대한 답을 빠르게 찾아내는 능력이 있어야 합니다. 작가와 미술시장 사이의 균형 감각을 읽을 수 있어야 하며, 컬렉터의 취향과 시장의 흐름을 동시에 읽는 정보력 또한 탁월해야 합니다. 또, 네트워크를 쌓는 데 익숙하며 말하는 데 자신이 있는 사람, 미술을 투자와 감상의 두 관점에서 모두 바라볼 수 있는 사람, 자유로운 활동을 선호하며, 성과 중심의 일을 하고 싶은 사람이 아트딜러에 적합하다고 할 수 있습니다.

역할	갤러리스트	큐레이터	아트딜러
소속	상업 갤러리 (운영자 or 실무자)	미술관·공공기관·전시 기획사	갤러리 or 독립 프리랜서
주요 활동	작가 발굴, 전시 기획, 작품 판매	전시 기획, 비평적 기획, 연구	작품 판매, 중개, 고객관리
작품 접근	장기적 작가 육성, 고객 연결	주제 중심, 사회적 맥락	판매 중심, 시장 트렌드 기반
필수 역량	예술 감각 + 기획력 + 영업력	미학적 글쓰기 + 기획력	직관 + 정보력 + 설득력
수익 구조	작품 판매 수수료, 갤러리 운영수익	기관 소속 급여, 전시 기획비	작품 판매 수수료, 고객 중개비

갤러리스트, 큐레이터, 아트딜러가 함께하는 전시의 풍경

이 세 역할은 하나의 전시를 중심으로 만나기도 합니다.

큐레이터가 전시 기획의 주제를 정하고, 갤러리스트가 작가를 섭외하고 전시공간과 제작을 책임지며, 아트딜러가 고객을 초청하고 판매 계약을 진행합니다. 또 작은 갤러리 대표라면, 이 셋을 모두 수행하기도 합니다. 예술은 결코 한 가지로만 만들어지는 것이 아닙니다. 작가와 관객 사이에는 언제나 이야기를 꺼내고 연결해 주는 사람이 있어야 합니다. 우리는 이를 '갤러리스트'라고 부릅니다. 여러분은 이 중 어떤 역할이 가장 마음에 드시나요?

기획, 세일즈, 운영까지 갤러리 안의 직무 지도
- 한 명이 세 몫, 분업보다 멀티 플레이

갤러리는 생각보다 작은 조직입니다. 대부분의 갤러리가 구성원이 1~3명이 전부인 경우도 있고, 중형 갤러리라 해도 5명 내외의 구성원이 전체 전시를 책임지는 경우가 많습니다.

그래서 갤러리에서 일하는 사람은 '나는 이 파트만 해요'라고 선을 긋기보다는, 상황에 따라 유연하게 여러 역할을 맡는 일은 기본으로 생각해야 합니다.

기획: 전시의 뼈대 만들기

전시의 시작은 '무엇을 보여줄 것인가'라는 질문에서 시작됩니다. 기획자는 그 질문에 대한 답을 만드는 사람입니다.

기획자의 주요 업무

- 전시 주제 및 작가 선정
- 전시 제목, 공간 구성 아이디어 제안
- 작가와 커뮤니케이션 및 일정 조율
- 전시 소개 글(기획노트, 캡션) 작성
- 도록 구성, 작가 인터뷰 진행
- 전시 오프닝 기획 및 특별 프로그램 운영

전시 기획을 하기 위해서는 예술 감각과 시각적 언어에 대한 이해력이 뛰어나야 합니다. 또 작가와 소통할 수 있는 공감 능력과 관객의 시선에서 전시를 구성할 수 있는 기획력, 일정과 예산을 함께 고려할 수 있는 현실 감각도 있어야 합니다.

그렇다면 실제 현장에서는 어떤 일을 할까요?

기획자는 수시로 작가와 연락을 하며 소통해야 하며, 프린트물을 교정하고 전시물 발주하는 것은 물론 포스터 디자인 요청까지 해야 합니다. 즉, 창의성과 행정력을 동시에 발휘할 수 있는 사람이 전시 기획자로 적합합니다.

운영: 갤러리가 돌아가게 만드는 힘

운영은 말 그대로 갤러리가 '문을 열고, 무사히 하루를 마칠 수 있도록' 도와주는 일입니다.

작품이 벽에 걸리기까지, 관객이 들어와 전시를 무리 없이 관람할 수 있도록 보이지 않는 모든 뒷일을 챙기는 역할입니다.

운영자의 주요 업무
- 전시장 유지 관리 (청결, 온습도, 조명 등)
- 작품 설치·철수 일정 조정
- 포장, 운송, 보험 계약
- 대관 스케줄 관리
- SNS 게시물 업로드 및 커뮤니티 응대
- 전시장 근무 스케줄 조정, 출입 응대

갤러리 운영을 잘하기 위해서는 꼼꼼한 성격이어야 하며 문제 해결력이 있어야 합니다. 또 일정과 공간을 전체적으로 조율하는 감각이 필요합니다. 디자인 툴을 다루는 것은 물론, SNS 사용 능력과 기본적인 계약, 비용 등의 정산 감각도 갖춰야 합니다. 예를 들어, 전시 현장에서 액자 유리에 금이 가거나, 벽면에 못질이 어렵다거나, 아트토크에서 작가가 지각을 하는 외에도 관객이 작품을 손상시키는 등의 긴급 상황들은 언제든 일어날 수 있습니다. 운영자는 이런 긴급 상황들을 실시간으로 조율하면서도, 관람객에게는 아무 일 없었던 듯 차분한 분위기를 유지시킬 줄 알아야 합니다.

세일즈: 작품과 사람을 연결하는 다리

세일즈는 단순히 '판매'를 넘어서, 작품이 누군가의 공간에 들어가 새로운 이야기를 시작하도록 돕는 일이라고 할 수 있습니다. 세일즈는 작품을 설명하는 태도, 신뢰를 쌓는 말투, 열린 대화의 자세에서 시작합니다.

세일즈 주요 업무
- 작품 가격 책정 및 가격표 관리
- 고객 응대 (갤러리 방문객/온라인 문의)
- 작품 설명, 구매 상담
- 계약서 작성, 송금 안내, 보증서 발급
- 작품 배송 및 설치 안내
- VIP 고객관리, 후속 제안, 리콜렉션 관리

작품의 세일즈를 위해서는 작품의 가치를 진심으로 설명할 수 있어야 합니다. 먼저 고객의 취향을 파악하고 제안하는 센스가 있어야 하며, 정중하고 전문적인 응대 태도를 갖추어야 합니다.

뿐만 아니라, 미술시장에서의 작품의 위치를 파악함은 물론 작가 프로필에 대해 매우 잘 알아야 합니다. 실제로 세일즈에 있어서 작품을 구매하려는 고객은 단순히 '그림이 예뻐서' 사는 게 아닙니다. 그 작품이 가진 스토리, 작가의 철학, 미술시장에서의 작품의 위치와 갤러리의 신뢰도 등이 복합적으로 작용을 하며 '구매 결심'을 하게 되는 것입니다. 따라서 세일즈의 핵심은 말을 잘하는 능력이 아니라, 작품과 사람 사이에서 전문성을 가지고 적정한 온도를 유지하는 능력이라고 할 수 있습니다.

관리: 갤러리의 지속 가능성을 책임지는 중심

갤러리에는 예술과 사람이 있지만, 그것을 지탱하는 것은 꾸준한 관리와 운영 시스템이라고 할 수 있습니다. 특히 중장기 운영을 위한 계약, 작가 정산, 세무 관리, 일정 통제 등은 갤러리 안에서 매우 중요한 역할이라고 할 수 있습니다.

관리 주요 업무
- 작가 계약 관리(전속 여부, 전시 조건 등)
- 대관 계약서 정리 및 수익 정산
- 정산표, 인보이스, 세금계산서 발행
- 예산 수립 및 지출 기록
- 대외협력 문서 작성 및 아카이빙
- 작가·작품 리스트 체계적 정리

갤러리에서 관리를 잘하기 위해서는 몇 가지 역량이 필요합니다.

갤러리 일을 잘 해낼 수 있는 행정처리 능력과 문서를 정확하게 작성하고 보관하는 능력이 필요하며, 법적, 세무적 기본지식을 알아야 합니다. 또 클라우드 문서 툴, 엑셀 활용을 능수능란하게 할 줄 알아야 합니다. 이러한 능력들은 실제 갤러리 실무를 위해 반드시 필요합니다. 예를 들어, 작가 10명과 협업을 한다면 최소 10개의 계약이 필요합니다. 또한, 20점의 작품이 판매가 된다면, 20건의 정산과 보증서 발급을 추가로 해야 합니다. 바로 이러한 업무를 정확하게 처리할 수 있는 능력이 있어야 갤러리는 안정적으로 운영될 수 있습니다.

모든 직무는 연결되어 있어요

갤러리는 대부분이 소규모 조직으로 운영됩니다. 그래서 '기획만' 하거나 '운영만' 하는 경우는 거의 없습니다. 기획자라고 해도 운영 일정을 알아야 하며, 세일즈를 담당한다고 해도 작가와의 계약 조건을 알아야 합니다. 또 운영자라고 해도 설치 도중 갑자기 찾아오는 고객을 응대할 수 있어야 합니다.

갤러리는 대형 미술관처럼 각 부서가 나눠져 있는 구조가 아니기에 사람과 사람이 자연스럽게 겹쳐 일하게 됩니다. 혹은 혼자서 경영하는 갤러리는 모든 일을 다 할 줄 아는 멀티 플레이어가 되어야 합니다. 때로는 함께 벽을 칠하고, 배송 온 그림을 같이 설치하고 늦은 밤까지 설치 작업을 하기도 합니다. 즉, 갤러리스트는 하나의 작업 전체를 이해하고 움직이는 사람을 뜻합니다. 따라서 내가 갤러리스트로 일하고 싶다면 '나는 이런 일을 할 수 있어요'보다는 '이런 일까지 할 수 있어요'라고 말할 수 있는 사람이어야 합니다.

갤러리에서 일하는 사람들의 공통점
- 좋은 갤러리스트에게 보이는 태도

갤러리에서 일한다고 하면, "미술 전공하셨어요?" 혹은 "그림도 직접 그리세요?"라는 질문을 종종 받습니다. 또는 "전시할 때만 일하세요?", "멋진 일 하셔서 정말 부럽네요" 같은 말도 자주 듣게 됩니다. 하지만 갤러리에서 일하는 사람이 반드시 미술을 전공한 사람일 필요가 없습니다. 또, 매일 우아한 전시장에서 커피를 마시며 작품만 보는 것도 아닙니다. 현장은 생각보다 치밀하고, 역동적이고, 유연하고, 때로는 고단하기까지 합니다.

그렇다면 어떤 사람이 갤러리에 잘 어울릴까요?

꼭 미술 전공자여야 하나요?
- 전공보다 중요한 것은 감각

갤러리에서 일하는 사람들 중에는 미술사, 예술학, 미학, 시각디자인, 회화 전공자가 많은 비율을 차지하고 있습니다. 하지만 그렇다고 해서 반드시 관련 전공을 해야지만 갤러리 일을 할 수 있는 것은 아닙니다. 갤러리에는 미술을 전공하지 않은 다양한 전공자들이 일하고 있으며, 다른 전공을 했어도 갤러리에서 일하는 데 도움이 될 수 있습니다. 국문학 전공자는 글쓰기에 강해서 기획서와 도록 제작에 유리합니다. 경영학 전공자는 세일즈 감각과 수익 구조를 잘 이해해서 좋고, 건축 전공자는 공간 구성에 감각이 있어 설치 연출을 잘합니다. 또, 심리학 전공자는 고객을 응대하거나 작가와의 소통에 깊이가 있다고 할 수 있습니다.

사실 갤러리에서 일하기 위해 전공보다 중요한 것은 바로 '예술을 읽어내는 감각'이라고 할 수 있습니다. 작품을 마주했을 때, 그 안에 담긴 이야기를 꺼내보고 싶고, 그것을 사람들에게 소개하고 싶다는 마음이 있다면 그것이 바로 갤러리스트의 출발점이 될 수 있습니다.

경험이 없는데 시작할 수 있을까요?
- 처음은 누구나 어설펐어요

"인턴도 해본 적 없는데 괜찮을까요?"
"경력직을 뽑는 곳만 있는 것 같아요"

이런 불안감, 누구나 들 수 있습니다.
하지만 갤러리스트가 되기 위한 첫걸음은 대부분 '인턴, 도우미, 자원봉사'로 시작됩니다. 처음에는 엑셀 파일을 정리하거나, 오프닝 때 다과를 준비하거나, 전시장 바닥을 닦는 일부터 시작하기도 합니다. 그렇지만 그 작은 일들이 쌓이면서 작품을 눈으로 익히고, 작가와의 대화 태도를 배우고, 점차 공간의 흐름을 몸으로 익히게 되고, 그러한 경험들은 어느새 나만의 언어가 되어 있습니다. 누구나 시작은 작습니다. 하지만 괜찮습니다. 중요한 것은 버틸 수 있는 힘입니다.

어떤 성격이 잘 맞을까요?
- 유연함과 섬세함, 둘 다 필요해요

갤러리에서는 정말 다양한 상황이 벌어집니다.
작가가 급하게 설치를 변경하자고 할 때도 있고, 고객이 갑자기 방문해서 작품을 보여달라고 할 수도 있습니다. 또, 운송업체와의 약속이 어긋나기도 합니다.

그래서 갤러리에서 일하는 사람은 보통 이런 성향을 갖고 있어요.

유연한 사람
계획은 세우되, 갑작스러운 상황에도 유연하게 대처할 수 있어야 하며, "이건 원래 안 돼요"보다는 "다른 방법을 찾아볼게요"라고 말할 줄 알아야 합니다.

섬세한 사람
벽면 간격, 조명 각도, 글자 자간 등의 작은 디테일에 민감하게 반응해야 합니다.
예술이라는 민감한 작업을 다루기 때문에, 감정도 말도 '조금 더 다정하게' 꺼낼 줄 아는 태도가 필요합니다.

주도적인 사람
'누가 시켜야 움직이는 사람'보다, 스스로 일정과 업무를 챙길 수 있는 사람이 오래 남습니다.

감정을 잘 조절하는 사람
예술은 때때로 사람의 자존심과 감정을 다루는 일이기도 합니다.

그래서 작가와 컬렉터 사이에서는 중심을 잘 잡는 감정 지능(EQ)이 매우 중요합니다.

어떤 감각이 필요한가요?
- 눈, 귀, 말, 손 모두 쓰는 직업

갤러리에서 일하는 건 전시장을 지키는 일은 아닙니다.
진짜 실무는 오히려 작품을 손으로 옮기고, 입으로 설명하고, 귀로 듣고, 눈으로 감각하는 일의 연속이라고 할 수 있습니다.

① 눈: 작품의 배치, 조명의 높이, 글자의 간격 등 시각적 완성도를 보는 능력
② 귀: 작가의 말에서 중요한 개념을 포착하고, 고객의 뉘앙스를 듣는 감각
③ 입: 작품을 너무 어렵지 않게, 하지만 가볍지도 않게 소개할 수 있는 언어
④ 손: 작품 포장, 자료 정리, 도록 제작 등 실제로 움직이는 일에 익숙한 손

갤러리스트는 창의적인 감각과 실무적인 손발이 함께 있는 사람입니다. 어느 한쪽만 있어서는 오래 버티기 힘들어요.

결국 중요한 건 '미술을 향한 진심'

갤러리는 예술을 좋아하는 사람들이 모이는 곳입니다.

단지 겉으로 멋있어 보여서가 아니라, 예술이 가진 의미를 믿기 때문에, 그 믿음을 누군가와 나누고 싶어서 이 일을 하는 것입니다. 그러나 일하다 보면, 지치고, 힘들고, 판매도 안 되고, 전시장에 혼자 남겨지는 날도 종종 있습니다. 그럼에도 불구하고 다시 다음 전시를 준비하게 되는 이유는 어느 순간의 감동, 작가와의 진심 어린 대화, 작품을 바라보는 누군가의 눈빛 한 줄기 때문입니다.

갤러리에서 일하는 사람은 '예술을 좋아하는 사람'이자, '예술과 현실을 연결할 수 있는 사람'입니다. 혹시 지금, 여러분의 마음속에도 '나도 언젠가는 그런 일을 해보고 싶다'는 작은 불씨가 피어오르고 있다면, 이미 마음은 준비된 것이나 다름없습니다.

예술 감각? 시장 감각? 필요한 건 둘 다
- 감성도, 현실 감각도 함께

"갤러리에서 일하려면 특별한 재능이 있어야 하나요?"

 이 질문은 정말 자주 듣습니다. 사실 갤러리에서 일하려면 특별한 재능은 필요하지 않습니다. 재능보다는 감각이 중요하고, 감각보다는 태도가 중요하다고 할 수 있습니다.

 갤러리에서 필요한 능력은 어떤 시험을 쳐서 성적을 내거나 평가를 하는 일이 아닙니다. 하지만 현장에서 자주 마주치는 상황들에 민감하게 반응하고, 그에 대한 '적절한 선택'을 할 수 있는 사람이 결국 이 일을 오래 하게 됩니다. 갤러리에서 일하기 위해서는 현장에서 필요한 다양한 능력을 길러야 합니다. 어떤 능력을 길러야 할까요?

안목: 시선을 정리하는 감각이 필요해요

갤러리에서 일하는 사람은 늘 '무엇을 어떻게 보여줄 것인가'를 고민합니다.

작품을 어디에 걸지, 어떤 간격으로 또는 어떤 순서로 배열할지, 포스터의 색감은 작품과 잘 어울리는지, SNS 피드에서 섬네일은 매력적인지 등을 고민합니다. 이것은 단순히 미적인 취향의 문제와는 다릅니다. 이것은 바로 '시선을 설계하는 능력'이라고 할 수 있습니다. 예를 들어, 2점의 그림이 비슷한 색을 가졌다면, 그 사이에 전혀 다른 분위기의 드로잉을 넣어 관객의 시선에 리듬을 줄 수 있습니다. 이러한 부분들은 이론이 아니라, 작품을 많이 설치해 보고, 직접 느껴보면서 길러지는 감각이라고 할 수 있습니다.

커뮤니케이션 능력: 말보다 '전달력'이 중요해요

작품을 설명할 때, 말을 잘하는 것도 중요하지만 진심이 전달되는 언어가 더 중요합니다.

작가와 소통할 때는 '어떤 감정이 담겨 있었는지'를 읽어내야 하고, 고객과 이야기할 때는 '이 작품이 왜 이분의 공간에 어울리는지'를 스스로 확신해야 합니다. 또, 설치팀과 일정을 조율할 땐, '무리 없는 일정표와 명확한 지시'가 중요합니다. 즉, 누구에게, 무엇을,

어느 정도로 말할 것인가를 판단할 줄 아는 센스가 필요합니다.

계획력: 시간과 예산, 둘 다 설계할 줄 알아야 해요

갤러리에서 일을 하다 보면, 늘 여러 가지 일이 동시에 벌어집니다. 전시 기획은 최소한 3~6개월 후를 준비하고, 설치 일정은 3일 후를 준비해야 하며, 도록은 오늘 마감인데, 작가님은 내일 작품 촬영이 있습니다. 또 고객은 오늘 시간이 있다고 오늘 작품을 보러 오겠다고 합니다.

이럴 때 중요한 건 '무엇을 먼저 할지' 결정하는 능력과 '마감까지 어떤 순서로 갈지' 미리 그려볼 수 있는 계획력입니다. 여기서 팁을 주자면, 전시 캘린더는 최소 3개월 단위로, 마감은 실제 마감의 2~3일 전으로 설정하고, 견적 요청과 외부 발주는 항상 충분히 여유 있게 설정해야 합니다. 즉, 계획력이란 '시간을 예술적으로 배열하는 능력'을 말합니다.

'작가를 이해하는 마음':
예술과 감정의 언어를 함께 배워야 해요

작가는 작품만으로 말하지 않습니다.

때로는 묵묵함으로, 때로는 예민함으로, 때로는 망설임으로 말할 때가 있습니다.

갤러리스트는 그런 작가의 마음을 '기분'으로 받아들이지 않고, '이 사람의 리듬'으로 이해할 줄 아는 자세가 필요합니다. 예를 들어, 전시를 앞두고 작품이 도착하지 않을 때 "왜 아직도 안 보내셨어요?"보다는 "혹시 작업이 더 필요하신가요?"라거나, "제가 도와드릴 부분이 있을까요?"라고 묻는 게 좋습니다. 같은 말이라도 전혀 다른 결과를 만들 수 있습니다.

판매 감각: 누군가에게 처음 예술을 선물하는 순간을 만드는 일

갤러리에서 작품을 판매한다는 것은 '상업'이라기보다 '선택의 경험'을 만들어 주는 일입니다. 사실 대부분의 고객들은 "왜 이 그림이 이 가격인가요?"를 묻기보다, '왜 나는 이 그림이 끌릴까?'를 먼저 고민합니다. 그럴 때 갤러리스트는 단순한 스펙 대신, 작품이 가진 맥락, 작가의 진심, 시선의 깊이를 전해줘야 합니다.

이때 너무 미술사적이거나 학문적인 설명은 오히려 벽이 될 수 있습니다. 처음에는 "이 작품을 보고 어떤 느낌 드셨어요?"라는 대화로 시작해 고객의 반응을 듣고 나서 작품 이야기를 꺼내는 게 더 진정성 있게 느껴집니다.

책임감: 이 일은 사람의 시간을 다루는 일이에요

전시는 단지 그림을 거는 일이 아닙니다. 전시는 작가가 수개월 혹은 수년간 쌓아온 시간의 집합이라고 할 수 있습니다. 그리고 갤러리는 그 시간의 결실을 세상과 연결하는 첫 장면을 맡은 것이라고 생각하면 됩니다. 갤러리스트의 한 번의 실수로 작가의 평판이 무너질 수도 있으며, 응대 하나로 고객의 신뢰가 생기거나 사라지기도 합니다. 반대로 좋은 결과를 이끌기도 합니다. 따라서 갤러리에서 가장 중요한 역량은 결국 '작은 것 하나도 허투루 하지 않는 진정성 있는 태도'입니다.

감정 관리: 미술은 감성의 일이지만, 감정으로 일하면 오래가지 못해요

작가의 예민함, 고객의 까다로움, 일정의 압박 등, 갤러리의 일은 언제나 '감정'이 얽혀 있습니다. 하지만 일하는 사람은 그 모든 감정의 흐름을 받아들이되 휘둘리지는 않아야 합니다. 그러기 위해서는 나만의 방법이 필요합니다. 예를 들어, 하루 일과가 끝난 뒤, 짧은 메모로 감정을 정리해 보거나, 예술과 관련된 책, 영화, 산책 등 예술적인 '나만의 회복 루틴'을 만들어 두면 도움이 됩니다. 또, '내가 만든 전시를 내가 즐기고 있는가?'를 체크해 보는 것도 좋습니다.

역량은 훈련이고, 감각은 태도입니다.

갤러리에서 일하며 필요한 능력들은 미리 다 갖춰야 시작할 수 있는 것이 아닙니다.

대부분은 현장에서 부딪히며 천천히 익혀가는 것들입니다. 작품을 자주 보고, 사람을 자주 만나고, 실패도 해보고, 감동도 받아보면서, 조금씩 자기만의 감각을 만들어 가는 것. 그것이 바로 '갤러리스트'가 되어가는 과정입니다.

커뮤니케이션, 감수성, 태도: 갤러리스트의 자질

― 성격, 태도, 그리고 '사람을 대하는 법'

<u>갤러리스트가 되기 위해
가장 먼저 갖춰야 할 것은 뭘까요?</u>

제가 오랫동안 현장에서 사람들을 지켜보며 확신하게 된 것이 있습니다. 결국 이 일을 오래 잘 해내는 사람들은 '성격', '태도', 그리고 '사람을 대하는 능력'이 단단한 사람들이라는 것입니다. 갤러리스트는 전시관을 지키며 혼자 작품만 바라보고 있는 사람이 아닙니다. 작가, 고객, 협력업체, 기관, 동료 등 늘 사람과 부딪히고, 말하고, 조율하고, 책임지는 역할을 하는 사람입니다.

그렇다면 갤러리스트의 자질은 무엇일까요?

1. 책임감이 강한 사람

한번 정해진 전시 일정은 바꿀 수 없습니다. 작품은 제때 도착해야 하고, 고객은 약속된 시간에 방문하고, 전시에 관련된 보도자료는 마감일 안에 나가야 합니다.

갤러리스트의 작은 실수 하나가 작가에게는 커리어의 큰 오점이 될 수도 있고, 고객에게는 불쾌한 기억이 될 수도 있습니다. 그래서 갤러리스트는 '나중에 하지 뭐'라는 생각 대신 '지금 처리하자'라는 태도를 가진 사람이 적합합니다.

2. 예민하지만 단단한 사람

예술은 섬세한 감정의 세계이기 때문에, 작가들은 때로는 흔들리고, 예민하고, 예측할 수 없기도 합니다. 갤러리스트는 그런 감정을 눈치채고, 조심스럽게 다룰 수 있어야 합니다. 특히 자신의 감정까지 함께 휘청이면 안 됩니다. 그래서 갤러리스트는 예민함과 단단함을 동시에 품을 줄 아는 사람이 적합합니다.

3. 디테일에 강한 사람

갤러리스트는 늘 디테일에 신경을 써야 합니다. 벽면의 간격, 조명의 각도, 리플릿의 폰트 크기부터 작품 캡션의 맞춤법까지. 전시에서 디테일은 그냥 '예쁘게' 보이기 위한 요소가 아니라, 작품을 존중하는 태도라고 할 수 있습니다. 따라서 눈썰미와 꼼꼼함은 갤러리스트의 신뢰를 쌓는 데 아주 중요한 자산이 됩니다.

갤러리스트에게 꼭 필요한 태도는?

1. 내가 아닌 '작품'을 중심에 두는 자세

갤러리스트는 전시를 기획하거나 홍보할 때, 간혹 '내 아이디어'나 '내 스타일'에 집착하게 되는 경우가 있습니다. 하지만 갤러리스트는 작가의 작품이 가장 잘 빛나도록 옆에서 비춰주는 사람입니다. 따라서 전시장의 주인공은 언제나 작가와 작품이라는 걸 반드시 기억해야 합니다.

2. 기꺼이 뒤에서 일할 수 있는 태도

전시가 끝났을 때 작가가 "정말 고마웠어요"라고 말해주는 순간, 갤러리스트는 가장 큰 보람을 느낍니다. 그 말 한마디를 위해 수십 번 문장을 다듬어 SNS에 올리고, 인쇄 전에 리플릿을 밤새 교정하고, 벽면 페인트가 잘 말랐는지 확인하기 위해 밤에 다시 전시장 문을 열기도 합니다. 그렇게 티 나지 않는 노동을 기꺼이 감당할 수 있는 사람, 그런 태도가 바로 갤러리스트의 본질이라고 할 수 있습니다.

3. 문제보다 해결을 먼저 생각하는 자세

갤러리스트는 감정보다 해결을 먼저 움직이는 사람입니다.

만약 작품이 배송 중 파손됐다면 "어떡해요!"보다, 먼저 "지금 복원이 가능한지 확인할게요"라고 말할 수 있어야 합니다. 또, 고객이 예정보다 일찍 왔다면 "아직 준비 안 됐어요"보다는 "지금 안내 도와드릴테니, 잠시만 기다려 주세요"라고 반응할 수 있어야 합니다. '해결 능력'은 갤러리스트의 매우 중요한 역량입니다.

결국은 커뮤니케이션 능력입니다

갤러리 일의 70%는 '사람과의 소통'이라고 할 수 있습니다.

작가와 대화하고, 고객과 상담하고, 동료와 협의하고, 기관과 메일을 주고받는 등의 모두가 사람과의 소통입니다. 하지만 갤러리에서 말하는 커뮤니케이션 능력은 말을 잘하는 것보다, '상대가 무엇을 듣고 싶은지'를 읽는 감각에 가깝습니다.

1. 작가와의 소통

작가는 때로 말이 적고, 말보다는 감정으로 표현하는 사람이 많습니다.

그래서 갤러리스트는 말보다 표정, 속도, 침묵, 망설임 안에 있는 감정을 읽는 훈련이 필요합니다. "이 색감을 유지하고 싶으신 거죠?", "작업이 끝나지 않아서 조금 마음이 조급하신 거죠?", "지금은 외부 홍보보다 작품에 집중하고 싶으신 거죠?" 등으로 바로 작가의 언어를 번역해 주는 사람이 바로 갤러리스트입니다.

2. 고객과의 소통

고객은 작품의 가치보다 작품이 내 공간에 들어왔을 때 어떤 기분일지를 상상합니다. 따라서 작가가 어떤 철학으로 작업을 하는지, 이 그림이 거실에 걸린다면 집 안 분위기가 어떻게 될지, 작품이 잘 보관될 수 있도록 안내를 해주는 등의 정확한 정보와 감성적인 설명, 또 신뢰가 느껴지는 응대가 필요합니다. 만약 이 세 가지가 갖춰진 갤러리스트라면 고객과의 관계는 깊어질 수 있습니다.

3. 내부 커뮤니케이션

소규모 갤러리일수록, 동료 간의 유대와 커뮤니케이션이 정말 중요합니다. 만약 일이 몰려서 바쁘다면 "제가 이건 도와드릴게요"라고 말하는 태도, 실수가 발생한다면, "이건 제가 체크하지 못했어요. 수정할게요"라고 솔직하게 말하는 용기, 전시를 마친 후에는 "고생하셨습니다"라며 한마디라도 마음을 나누는 진심 어린 태도가 중요합니다.

  갤러리는 결국, 예술과 사람 사이를 잇는 '태도의 현장'이라고 할 수 있습니다. 그리고 그 모든 능력은 하루아침에 완성되는 게 아니라, 작은 경험이 하나하나 쌓이면서 조금씩 길러지는 것입니다.

취향을 넘어서 전략으로

- 좋아하는 것을 일로 만드는 법

갤러리스트가 되고 싶어 하는 사람들은 이런 질문들을 합니다.

"미술을 좋아하는 마음 말고도 반드시 시장 감각까지 있어야 하나요?"
"예술을 돈으로 보는 게 맞는 건가요?"

갤러리스트가 되기 전 이런 생각들은 마음을 복잡하게도 합니다.

'나는 작품이 좋고 감동이 있었을 뿐인데, 이걸 가격으로 설명해서 판매할 수 있을까?
'예술을 파는 일에 내가 어울릴까?'

사실 이러한 고민들은 갤러리스트라면 누구나 한 번은 반드시 부딪히는 고민이라고 할 수 있습니다. 사실 갤러리스트가 되기 위해서는 감수성과 시장 감각을 둘 다 갖추고 있어야 합니다. 먼저 감수성은 예술을 사랑하게 하는 힘이고, 시장 감각은 예술이 사회와 연결되도록 돕는 기술입니다. 이 둘은 서로 충돌하는 게 아니라, 마치 시계의 톱니바퀴처럼 반드시 함께 움직여야 하는 것들입니다. 이렇듯 예술과 세상을 연결하는 것이 바로 갤러리스트의 역할입니다.

미술에 대한 감수성이란 무엇인가요?

미술에 대한 감수성이란, 그림이 주는 감정을 느끼고 그것을 창작한 작가의 메시지를 읽어내는 능력입니다. 예를 들어, 추상적인 색면 회화를 보고 "이건 그냥 색칠 아닌가요?"가 아니라, '이 작가는 어떤 감정의 리듬을 표현하고 싶었을까?'를 떠올릴 수 있어야 합니다. 또 사진 작품이라면 '풍경이 예쁘다'보다, "이 프레임 안에 어떤 의도가 담겨 있었을까?"를 질문하는 태도를 말합니다. 즉, 감수성은 작품과 정서적으로 소통할 수 있는 힘을 말합니다.

갤러리스트에게 감수성이 중요한 이유는, 바로 갤러리스트가 느끼는 그 감정이 작품과 관객을 연결시켜 주는 통로가 되기 때문입니다. 바로 내가 느낀 감정과 생각을 잘 전달했을 때, 고객은 마음을 열고, 작가의 진심은 전달된다고 할 수 있습니다.

시장 감각이란 무엇일까요?

시장 감각은 '예술을 상업적으로 판단하는 눈'이라고 생각하기 쉽습니다. 하지만 그것은 시장정보입니다. 그보다는 '이 작품이 지금 어떤 방식으로 세상과 연결될 수 있는가'를 읽는 힘을 시장 감각이라고 할 수 있습니다.

시장 감각은 이런 것들이에요
- 지금 어떤 스타일의 작품이 고객들에게 반응이 좋은가
- 이 작가의 성장 가능성이 얼마나 되는가
- 이 작품을 어떻게 전시하면 판매로 이어질 수 있을까
- 어떤 채널(SNS, 아트페어, VIP 매칭 등)로 연결해야 효율적인가
- 가격을 어떻게 책정해야 작가의 이미지도 지키고 판매도 이뤄질까

즉, 시장 감각은 작품을 '파는 기술' 이전에 작품이 도달할 수 있는 '길'을 찾아주는 능력이라고 할 수 있습니다.

감수성과 시장 감각은 왜 충돌할까요?

갤러리 현장에서는 때때로 감수성과 시장 감각이 부딪히기도 합

니다. 예를 들어, 작가는 작업을 완성했다고 하지만, 시장에서는 너무 실험적이라 구매로 연결되지 않기도 합니다. 이럴 때 갤러리스트는 작가의 의도를 지키면서도 어떤 작품을 전면에 두고, 어떤 부분은 설명으로 보완할지를 고민해야 합니다. 또 다른 경우는 전시는 감동적이었지만, 판매가 전혀 일어나지 않았을 때, 이럴 때 고민이 생깁니다. 이때, '내가 좋아하는 작품과 사람들이 사고 싶어 하는 작품이 다른가?'라는 질문 앞에서 무기력해질 수 있습니다. 또, 작가가 작품 가격을 높게 부르는데, 시장에서는 아직 그만큼 브랜드의 가치가 쌓이지 않았을 때도 난감할 때가 있습니다. 이럴 때는 '작가의 자존심과 시장 가격의 현실' 사이에서 조율이 필요합니다.

갤러리에서 일하다 보면 이런 일들은 종종 발생합니다. 이럴 때 갤러리스트는 감정과 전략 사이에서 중심을 잡을 수 있어야 합니다.

감수성과 시장 감각을 함께 키우는 방법

감수성과 시장 감각을 함께 키운다는 것은 선택의 문제가 아니라 균형과 훈련의 문제입니다.

둘 다 시간이 걸리지만, 천천히 길러지는 능력입니다.

감수성을 키우는 법

- 전시를 볼 때, 마음이 먼저 반응한 작품을 메모하세요.

- 작가의 말보다 작품 자체에 집중해 보세요.
- '왜 내가 이 작품에 끌렸는가'를 스스로에게 질문해 보세요.

시장 감각을 키우는 법

- 판매가 잘된 작품이 어떤 특징을 가졌는지 관찰하세요.
- 아트페어나 아트마켓에서 사람들의 반응을 유심히 보세요.
- 컬렉터의 취향을 관찰하고, 트렌드를 정리해 보세요.
- 가격표가 붙은 전시를 자주 보고, '이 가격은 왜 이런가'를 생각해 보세요.

감성으로 선택하고, 이성으로 조율하는 일

갤러리스트는 감동을 느끼는 사람이어야 하지만, 동시에 감동만으로 움직이지 않는 사람이어야 합니다. 작품을 선택할 때는 감성으로, 전시를 기획할 때는 전략적으로, 가격을 정할 때는 시장을 참고하고, 판매할 때는 고객의 감정을 읽어야 합니다. 또 작가와 소통할 때는 예술의 언어를 이해하며, 수익을 관리할 때는 비즈니스적인 사고를 해야 합니다.

이 모든 것이 하나의 역할 안에 함께 있어야 하는 것, 그리고 그것을 유연하게 해낼 줄 아는 사람, 그게 바로 갤러리스트입니다.

PART 3

갤러리로 들어가는
문을 열며

취업과 실무, 첫발을 내딛는 당신에게

갤러리 인턴십의 리얼 이야기
- 커피는 기본, 감정은 옵션, 성장은 보너스

"저, 갤러리 인턴을 해보고 싶은데요. 제가 어떤 일을 하게 되나요?"

이 질문은 인턴을 처음 시작하려는 분들이 자주 합니다. 인턴을 시작하기 전에는 다들 막연합니다. 전시장에서 작품을 보는 것은 좋아하지만, '직접 일하는 것'은 상상해 본 적이 없거나, 상상을 한다고 해도 구체적인 업무가 무엇이며 내가 어떤 역할을 할지 막연하기도 합니다. 그리고 막상 현장에 들어와 일을 시작하면 사소한 일부터 하기 때문에, '내가 하는 이 작은 일이 정말 의미가 있을까?'라는 생각이 들기도 합니다. 그런데 놀랍게도, 갤러리 인턴으로 일하는 동안 배우는 일들은 작고 소소한 일처럼 보이지만, 나중에 갤러리에서 일할 때 가장 크게 빛을 발하는 것들입니다.

실제로 갤러리 인턴은 무슨 일을 하고, 무엇을 보며, 어떤 마음을 갖게 될까요?

갤러리 인드라망 내부 공간

인턴의 하루는 이렇게 시작돼요

아침 10시. 전시장이 열리기 전, 먼저 해야 할 일은 전시공간 확인입니다.

조명은 켜져 있는지, 작품에 먼지는 없는지, 전날 설치 흔적이 남아 있진 않은지, 리플릿은 가지런하게 놓여 있는지 등 인턴은 이런 기본적인 점검을 하면서 갤러리의 하루를 열어주는 사람이 됩니다. 그 과정에서 자연스럽게 작품의 위치, 작가 이름, 전시 동선, 갤러리 운영 리듬을 익히게 됩니다.

눈치껏 배우는 일: 작품 설치 보조

　전시 설치 전날, 혹은 아트페어 준비 기간, 갤러리 안은 전혀 다른 풍경이 됩니다.
　벽면엔 공구 소리, 바닥엔 뾰족한 나사들, 작가는 작품을 열 번쯤 위치를 바꾸고, 대표님은 시계를 수시로 확인합니다.
　이때 인턴은 말없이, 조용히, 하지만 빠르게 움직이는 사람이 되어야 합니다.
　작품 포장을 풀고, 라벨을 붙이고, 작품이 수평이 맞는지 수평계를 들고 맞춰봅니다. 또 작가님께 테이프를 건네드리거나, 물이나 간식을 챙기기도 합니다. 이런 일은 매우 사소하지만, '작품이 전시장에 걸리기까지 어떤 과정이 필요한지' 온몸으로 배우는 시간이기도 합니다.

인턴의 귀는 '말'보다 '톤'을 듣는 훈련

　전시장에 손님이 들어오셨을 때, "안녕하세요. 전시 보러 오셨어요?"라는 인사를 하는데, 처음엔 이 말조차 떨리는 마음으로 하게 됩니다. 하지만 며칠 지나면 고객의 발걸음, 눈길, 머무는 시간을 보며 '이분은 그냥 관람인지, 작품에 관심 있는지'를 느끼게 됩니다. 갤러리 인턴은 단순한 안내를 넘어서 작품과 사람 사이의 미세한 감정을 느끼는 훈련을 하게 됩니다. 어떤 말투로 설명을 시작하며 어디서 멈춰야 할지, 고객의 질문을 받았을 때는 바로 답하진 못해도 메모하고 전달하는 자세를 취한다면 고객은 배려가 있는 사람이라고 생각하게 됩니다.

인턴이 만든 리플릿 한 장이 남기는 흔적

전시 기간 중에 인턴에게 주어지는 대표적인 과제 중 하나가 전시 리플릿, SNS 홍보 이미지 제작, 작가 노트 정리입니다. 그러나 포토샵이 익숙하지 않아도 괜찮습니다. 중요한 건 디자인이 아니라 작품의 제목, 사이즈, 재료, 작가 이름을 정확하게 정리하는 법을 배우는 것입니다.

이 일을 하다 보면 작품의 정보 구성 방식, 작가 소개의 톤 앤 매너, SNS에서 먹히는 해시태그 조합, 카드뉴스 문장 길이와 간격 등 갤러리 일에 필요한 부분들을 자연스럽게 익히게 됩니다. 사실 이런 실무 감각은 취업을 준비할 때 포트폴리오에 넣을 수 있는 '작은 성취'가 되기도 합니다.

실수해도 괜찮아요. 하지만 무심하면 안 돼요

사람은 누구나 처음에는 실수를 할 수 있습니다. 작가 이름을 잘못 부르거나, 작품 위치를 헷갈리거나 포스터 인쇄 주문을 하루 늦게 넣기도 합니다. 누구나 실수를 하기 때문에 인턴이 실수한 걸 갤러리에서 전혀 이해하지 못하는 부분은 아닙니다. 다만 실수한 뒤, 그것을 어떻게 대응하고 배우는지를 더 중요하게 본다고 할 수 있습니다.

"죄송해요. 제가 확인을 덜 했어요", "다음엔 이 부분을 꼭 먼저 체크할게요", "혹시 이걸 고칠 수 있는 방법이 있을까요?"라며 실수를 고치도록 노력하고, 다음에는 같은 실수를 하지 않도록 하는 것이 매우 중요합니다. 이런 노력과 태도는 신입 갤러리스트로 넘어가는 다리가 되어주기도 합니다.

인턴 기간 중 배우는 가장 중요한 건 '예술을 대하는 자세'예요

전시가 끝나고 난 후, 가장 많이 듣는 말 중 하나는 "전시는 끝났지만, 제 마음속에는 아직 그 여운이 아직 남아 있어요"라는 말입니다. 그것이 바로 인턴이 배우는 가장 중요한 감각입니다. 작품을 '전시'로만 보지 않고, 작가의 시간, 감정, 세계관이 들어 있다는 걸 조용히 이해하게 되는 마음과 그걸 더 많은 사람들에게 조금 더 따뜻하고 조금 더 명확하게 전달해 보고 싶은 마음이 생깁니다. 그런 순간 '이 일이 나랑 잘 맞는구나'라는 확신을 얻게 됩니다.

  인턴은 작은 시작이지만, 가장 선명한 발자국이라고 할 수 있습니다. 갤러리 인턴은 눈에 잘 보이지 않는 일을 가장 많이 하지만, 그 속에서 가장 많은 걸 보고 배웁니다. 어떤 작품이 좋은지보다는 좋은 작품을 어떻게 세상에 보여줄 수 있는지를 고민하게 됩니다. 또, 이 작품은 이 사람에게 왜 필요할까를 상상하게 되며, 전시가 끝났다가 아닌, 이 전시가 내 안에 남았다라는 감정이 생깁니다. 바로 이러한 것들이 갤러리 인턴이 갤러리에서 배우는 진짜 수업입니다.

이력서와 자기소개서 핵심 전략
- 중요한 것은 경험보다 태도

갤러리에서 인턴이나 정직원 채용 공고가 뜨면 제일 먼저 준비해야 할 것은 단연 이력서와 자기소개서입니다. 하지만 '갤러리 이력서는 다른 회사 이력서랑 다를까?', '예술을 좋아한다는 말만 써도 될까?', '미술을 전공하지 않았는데, 어떻게 써야 할까?' 등의 생각을 하기도 합니다. 사실 갤러리는 다른 업계와 조금 다릅니다. 형식적인 문장보다는, 그 사람의 '관심과 태도'가 더 중요하게 읽히는 곳이기 때문입니다. 그렇다면 갤러리에 합격하기 위한 이력서나 자소서는 어떻게 써야 할까요?

갤러리 이력서에서 중요하게 보는 것

학력보다 '예술과 연결된 경험'

갤러리 취업에 있어 기왕이면 미술 관련 전공이면 더 좋겠지만, 그것보다 더 중요한 것이 있습니다. 바로 예술에 대한 관심과 참여가 잘 드러나는 활동을 했는지의 여부입니다. 예를 들어 키아프(Kiaf) 관람 후 아트토크 세션 정리 블로그를 운영했다거나, 전시 도우미로 참여해 봤거나, 고객 응대와 작가 어시스트 경험을 해봤다면 도움이 됩니다. 혹은 SNS에서 미술 전시 리뷰 계정을 운영하는데, 현재 팔로워가 1,000명이라는 등의 경험이 있으면 가산점이 붙습니다.

실무경험이 적어도 좋아요

전공과 무관하게 도슨트 경험, 관람객 응대 등의 경험이 있다면, 이런 경험도 '갤러리 실무 감각이 있다는 신호'로 받아들이기도 합니다.

디자인 툴, SNS 운영 경험은 +α

포토샵, 캔바, 인디자인, 프리미어 등의 디자인 툴을 다룰 줄 안다거나, 갤러리 SNS, 카드뉴스, 쇼츠 기획 등을 해본 경험이 있다면 이런 것도 도움이 됩니다. 요즘 갤러리는 콘텐츠도 매우 중요하기 때문에 이런 부분도 눈여겨봅니다.

자기소개서, 이렇게 쓰면 좋아요

갤러리 자기소개서는 크게 세 파트로 나눠 쓰는 게 좋아요.

"예술을 향한 나의 마음"

내가 왜 미술과 갤러리에 관심을 갖게 되었는지를 씁니다. 예를 들어, 전시장에서 그림을 보며 울어본 경험이 있는데, 그 감정의 순간을 누군가에게도 전달하고 싶다는 생각이 들었다는 자신의 경험을 씁니다. 이때 중요한 것은 과장된 미사여구보다는 진심이 담긴 나만의 경험을 써야 한다는 것입니다.

"내가 해본 일 중, 갤러리와 연결되는 경험"

미술 관련 활동, 혹은 전혀 다른 분야더라도 연결점을 설명하는 것이 좋습니다. 예를 들어, 도서관 봉사활동 중 전시 홍보물 코너를 정리하며 전시 디자인 구성을 눈여겨보았고, 이를 통해 전시 구성에 흥미를 갖게 되었다는 등의 아주 사소한 경험이라도 지원자의 '관심'이 보이면 어필이 됩니다.

"갤러리에서 내가 하고 싶은 역할"

내가 만약 갤러리에서 일하게 된다면 어떤 역량으로 무엇을 돕고 싶은지, 구체적인 역할을 제시하면 좋습니다. 예를 들어, SNS 카드뉴스를 꾸준히 제작해 온 경험이 있어서, 갤러리 전시 홍보 콘텐츠를 함께 기획하고 제작해 보고 싶다거나, 고객 응대를 오랫동안 해본 경험이 있어서 전시장 방문객에게 작품을 친절하게 소개하는 등의 자신이 있다는 등의 구체적인 역할과 자신감을 보이면 좋습니다. 면접관은 포지션을 상상하고 있는 지원자의 태도를 높이 평가할 것입니다.

자주 하는 실수 피하기

저는 "미술을 좋아합니다", "그림을 보는 게 행복해요" 등의 너무 추상적인 표현은 피하는 게 좋습니다. 언제, 어떤 전시에서, 어떤 그림이 좋았는지 구체적으로 쓰는 게 중요합니다. 또 어떤 갤러리에서 무엇을 인상 깊게 본 적이 있다거나, 단순히 전문 지식을 배우고 싶다는 표현보다 이런 분야를 배우고 싶어서 최근에는 어떠한 활동을 했는지 등으로 구체적인 디테일을 살려서 표현을 했을 때, 훨씬 긍정적으로 바라봅니다.

포트폴리오는 필수일까?

인턴이나 도우미 지원이라면 반드시 필수는 아니지만, 이력서 외에 포트폴리오가 있으면 무조건 플러스가 되는 것은 사실입니다. 포트폴리오에 미술 전시 관람 후기에 대한 글이나 직접 만든 전시 포스터, 작가 소개 PPT나 큐레이션 아이디어 노트 등이 있다면 이런 것들을 간단히 PDF 파일로 첨부해도 좋습니다.

마지막 문장은 이렇게 마무리해 보세요

갤러리의 일은 결국 예술을 바라보는 태도가 가장 중요하다고 할 수 있습니다. 따라서 마지막 문장은 그러한 대도를 보여주는 것이 좋습니다. 예를 들면, "전시를 만드는 일은 누군가의 마음을 준비하는 일이라고 생각합니다. 저는 조용하지만 정확하게, 그 마음을 함께 준비할 수 있는 사람이 되고 싶습니다" 등으로 진정성 어린 태도를 어필하면 좋습니다.

갤러리 이력서와 자기소개서는 무조건 화려할 필요는 없습니다.

다만, 그 안에 예술에 대한 애정, 사람을 대하는 진심, 배우고자 하는 태도가 느껴져야 합니다. 그리고 무엇보다 '내가 갤러리에 어떤 도움을 줄 수 있을까?'에 고민을 해본 문장을 한 줄이라도 넣는다면, 결국 그 문장이 자신을 가장 잘 소개하는 문장이 될 것입니다.

면접에서 진짜로 듣고 싶은 대답
- 당신의 말투, 표정, 망설임까지 기억에 남습니다

이력서와 자기소개서를 잘 써서 서류를 통과했다면, 다음 단계는 바로 면접입니다.

갤러리 면접은 대기업이나 공공기관처럼 딱딱하지는 않습니다. 그렇다고 너무 가볍게 보면 안 됩니다. 작은 갤러리일수록 오히려 한 사람, 한 대화가 더 오래 기억에 남기 때문입니다.

그렇다면 갤러리에서 자주 나오는 면접 질문들은 무엇이며, 어떻게 대답하는 것이 좋을까요?

"우리 갤러리, 어떻게 알게 되셨나요?"

이 질문의 의도

→ 단순 정보 습득이 아니라 우리 갤러리에 대한 관심의 진정성을 보는 질문

이렇게 준비해 보세요

- 홈페이지나 인스타그램을 미리 살펴보기
- 최근 전시 중 인상 깊었던 작품을 1~2개 언급하기
- 공간 분위기, 전시 큐레이션 방향에 대해 느낀 점을 말하기

예시 답변

"SNS를 통해 처음 알게 되었고, 작년 여름 ○○ 작가 전시를 직접 방문했어요. 작가의 서정적인 표현과 조용한 공간의 분위기가 인상 깊었고, 이후에도 종종 온라인으로 전시 소식을 챙겨봤습니다"

"왜 갤러리에서 일하고 싶으세요?"

이 질문의 의도

→ 단순히 미술이 좋다는 말이 아니라, 갤러리라는 공간에서의 역할과 의미를 스스로 정리해 봤는지를 알고 싶은 질문

이렇게 답해보세요

- 갤러리의 역할(작가와 관객의 연결, 전시 기획, 예술 경험 전달 등)을 어

떻게 해석하고 있는지를 보여주기
- "작가가 작품으로 말할 수 있도록 돕는 사람", "예술을 관객에게 다정하게 안내하는 사람" 같은 문장이 좋다

예시 답변

"그림을 좋아해서 시작했지만, 점점 작가의 말 없는 작업을 관객에게 연결해 주는 '조용한 번역가' 같은 역할에 끌리게 되었습니다. 그게 바로 갤러리에서 할 수 있는 일이라고 느꼈습니다"

"전시 설치나 운영 관련 일을 해보신 적 있나요?"

의도

→ 실제 업무에 대한 이해도와 적응력을 확인하려는 질문

팁(Tip)

- 직접 설치해 보지 않았더라도, 전시장 청소나 리플릿 정리, 도우미 경험도 충분히 어필할 수 있다.
- 중요한 건, 몸으로 움직이는 일에 대한 열린 자세

예시 답변

"작품 설치를 직접 해본 적은 없지만, 전시 도우미로 활동하며 작

가님이 작품 배치를 바꾸는 걸 도와드린 적이 있습니다. 그때 수평 맞추기, 위치 조정, 벽면 청소 등을 경험했고, 작은 일 같아도 전시에 굉장히 중요한 과정이라는 걸 알게 됐습니다"

"갤러리에서 어떤 역할을 하고 싶으신가요?"

의도

→ 지원자의 포지셔닝에 대한 자기 인식을 확인, 자신의 강점과 갤러리의 필요를 얼마나 연결시켜서 보고 있는지 확인하려는 질문

팁(Tip)

→ 추상적인 말보다는 구체적인 역할을 예로 든다.
(예: SNS 콘텐츠 제작, 관람객 응대, 작가 인터뷰 정리 등)

예시 답변

"글쓰기를 좋아해서 작가 소개글이나 전시 소개 문구를 쓰는 일에 관심이 있습니다. 관객에게 조금 더 친절한 언어로 예술을 소개해 주는 일을 맡아보고 싶습니다"

"작품 가격이나 판매 응대는 가능하세요?"

의도
→ '예술을 돈으로 말하는 것'에 대한 지원자의 심리적 태도를 확인하는 질문

팁(Tip)
처음엔 낯설 수 있지만, 작품도 누군가와 연결되기 위해 가격이 필요하다는 걸 이해하는 태도가 중요하다.
'팔고 싶다'보다 '잘 전달하고 싶다'는 방향성을 강조한다.

예시 답변
"작품 가격을 말하는 게 처음엔 조심스러웠지만, '작가의 정성과 가치가 정당하게 전달되려면 그 과정도 책임 있게 도와야 한다'는 생각을 가지고 있습니다. 가격 안내나 보증서 정리 같은 역할도 차분히 배우고 싶습니다"

"갤러리 일 중 어떤 부분이 힘들 것 같으세요?"

의도
→ 현실적인 일에 대해 준비가 되어 있는지를 확인. 이럴 땐 솔직

한 인식 + 해결 의지를 함께 보여주는 것이 좋다.

예시 답변

"오픈 준비처럼 마감 일정이 몰릴 때 체력적으로 힘들 수 있다고 들었습니다. 그래서 일정 관리를 미리 꼼꼼히 해두려 하고 있고, 전시가 끝나면 스스로 휴식 루틴을 만들어서 오래 일할 수 있는 체력을 준비하고 있습니다"

"우리와 함께 일하게 된다면,
어떤 사람으로 기억되고 싶으세요?"

의도

→ 단순 능력보다 일에 임하는 태도와 협업 성향을 보는 질문

예시 답변

"작은 일도 차분히 책임지는 사람으로 기억되고 싶습니다. 말이 많기보다, '늘 그 자리에 있어주는 사람'이 되는 게 제 목표입니다"

질문은 평가가 아니라 대화입니다. 갤러리 면접은 '정답'을 맞히는 자리가 아닙니다.
면접은 지원자의 진심과 태도를 함께 알아가는 짧지만 중요한 대

화의 자리라고 할 수 있습니다. 따라서 반드시 말을 유창하게 할 필요는 없습니다. 다만, 내가 왜 이 일을 하고 싶은지, 어떤 마음으로 이 공간에 함께하고 싶은지를 단단하게 품고 있다면 그 진심은 표정과 말투에 자연스럽게 담기게 될 것입니다.

포트폴리오에 넣어야 할 것과 빼야 할 것
- 보여줄 것과 덜어낼 것

갤러리에 인턴이나 스태프로 지원할 때 이력서와 자기소개서 외에 "포트폴리오를 함께 제출해 주세요"라는 문구를 종종 보게 됩니다. 그런데 막상 포트폴리오를 만들려면 이런 고민이 밀려옵니다.

"저는 디자인을 전공한 것도 아니고, 작품이 있는 것도 아닌데요"
"전시를 기획해 본 적도 없고, 딱히 넣을 게 없어요"

디자인을 전공하지 않아도, 전시를 기획해 본 적이 없어도 괜찮습니다. 갤러리 포트폴리오는 화려한 디자인 북이 아니기 때문입니다. 갤러리 취업을 위한 포트폴리오에는 내가 예술을 어떻게 보고, 어떻게 정리하며, 또 어떻게 말하는지 보여주는 노트라고 생각하면 됩니다.

포트폴리오는 꼭 있어야 하나요?

갤러리 지원에 있어 포트폴리오가 반드시 필수는 아니지만, 같은 조건의 지원자 중 포트폴리오가 있으면 더 성의가 있어 보이고 기억에 남습니다. 또 갤러리 담당자는 바로 지원자의 포트폴리오를 통해 그 사람이 어떤 방식으로 예술을 바라보는지, 또 어떤 감각을 갖고 있는지 미리 엿볼 수 있습니다. 만약 이력서가 정보라면, 포트폴리오는 태도라고 할 수 있습니다.

어떻게 구성하면 좋을까?
기본 5~6페이지 정도 추천

1. 표지 & 자기소개 (1p)

- 이름, 연락처
- 포트폴리오 제목 예시
→ "전시장에서 배운 마음들"
→ "관객과 작가 사이에서 길을 걷고 싶습니다"
→ "기록하고, 말하고, 함께하는 감각"

팁(Tip)

표지에 너무 시각적 장식을 많이 하지 않아도 됩니다.
글로 나를 표현하는 제목이 더 기억에 남을 수 있어요.

2. 전시 관람 리뷰나 감상문(2~3p 추천)

포트폴리오에서 가장 중요한 파트
- 실제로 다녀온 전시 중 인상 깊었던 것을 자신의 언어로 정리
- 글의 길이는 A4 반쪽 정도
- 작품을 어떻게 읽었는지, 무엇이 인상 깊었는지를 전문 용어보다 나의 말로 표현하는 것이 좋다.

예시
- "마음이 멈춰 선 색: ○○ 작가 개인전을 보고"
- "작품보다 먼저 도착한 감정 – ○○갤러리의 설치전"
- "한 점의 드로잉이 전한 조용한 위로"

팁(Tip)

캡션처럼 짧은 글 3~4개로 구성해도 좋습니다. 한 문장 한 문장이 예술에 대한 감각을 보여줄 수 있기 때문입니다.

3. 활동 경험 정리 (1~2p)

- 도우미, 인턴, 자원봉사, 전시 방문, SNS 운영 등 갤러리와 관련된 경험을 작은 사진 + 설명으로 정리해 보기.
- 예) 도우미 ID 카드, 전시장 풍경, 내가 만든 리플릿 일부 캡처

예시

- "2023년 10월, 서울 ○○갤러리 전시 도우미로 참여. 관람객 응대, 리플릿 배치, 공간 정리 등을 맡았고 전시 오픈 전 설치 과정을 현장에서 배울 수 있었습니다."

4. 나만의 프로젝트/콘텐츠 (선택사항)

- SNS 카드뉴스 예시
- 작가 인터뷰를 정리한 글
- 전시 주제 제안서 (한 장 정도)

예시

"〈전시 기획 아이디어: 나만의 전시 주제〉
주제: '지나간 계절을 붙잡고'
구성 작가: ○○, ○○
공간 구상: 관객이 직접 엽서를 쓰고 붙일 수 있는 설치 동선 포함"

포트폴리오에서는 완성도보다 '이 사람은 전시를 상상할 수 있는 감각이 있구나'라는 인상을 남기면 성공이라고 할 수 있습니다.

5. 마무리 글 (1p)

- 왜 갤러리 일을 하고 싶은지
- 어떤 태도로 함께하고 싶은지
- 지원한 갤러리의 전시 중 무엇이 기억에 남았는지

예시

"전시가 끝나고도 마음에 남는 장면이 있다는 걸 배웠으며, 저 역시 누군가의 기억에 오래 남는 전시를 함께 만드는 사람이 되고 싶습니다"

디자인은 깔끔하면 충분해요

- 화려한 디자인보다 정리된 구성이 중요
- 파워포인트나 캔바로 정리해도 충분
- 전체 분량은 6~10장 정도면 좋다.

꼭 기억해야 할 것

포트폴리오는 '내가 미술을 얼마나 좋아하는지'를 보여주는 '감성'이 아니라 '기록'으로 보여주는 도구입니다. 글, 사진, 기록, 조각 같은 여러분의 미술적 언어를 한곳에 천천히 모은다면, 아직 갤러리에서 일해보지 않았더라도, 갤러리스트의 마음을 품고 있는 사람이라는 증거가 되기에 충분합니다.

전시를 보는 눈, 기록하는 법
- 관람도 실력이다

갤러리에서 일하고 싶다고 결심한 순간, 많은 사람들이 가장 먼저 하는 일이 있습니다.

그것은 전시를 더 자주 보러 다니는 것입니다. 그런데 막상 전시장에 들어서면 작품을 마주하는 건 좋은데, '내가 이걸 어떻게 기억해야 하지?', '그냥 보고만 나오면 의미가 있을까?' 하는 막막함이 생기기 시작합니다. 또, 이런 전시 경험을 어떻게 자기소개서나 포트폴리오에 써야 할지, 전시 감상은 감정인데, 그것을 어떻게 기록으로 남겨야 할지 난감합니다. 사실 전시를 단순히 관람객의 입장이 아니라, '미래 갤러리 실무자의 입장에서 본다'는 생각의 전환만으로도 많은 것이 달라질 수 있습니다.

시애틀 프라이 뮤지엄 전시 전경

갤러리 인턴이 전시를 보는 '다섯 가지 관점'

1. 어떤 작가를 소개하고 있는가?

전시에서 소개하는 작가가 젊은 작가인지, 중견 작가인지 살펴봅니다. 작가의 이름은 익숙한지, 아니면 처음 들어보는 사람인지 혹은 이 작가는 어떤 주제와 스타일로 작업을 하는지 살펴봅니다.

2. 작품은 어떻게 설치되어 있는가?

작품을 벽면에 어떻게 걸었는지, 레일을 설치해 걸었는지, 못을 박아서 걸었는지의 방식이나 조각의 경우 받침대의 재질은 무엇인지, 조명의 각도는 어떻게 맞췄는지 살펴봅니다. 또 전시를 보는 동선을 어떻게 짰으며, 작품 간의 간격이나 리듬은 어떠한지도 눈여겨봅니다.

3. 전시 전체의 흐름은 어떤가?

전시장에서 제일 처음에는 어떤 작품으로 시작하며, 마지막에는 어떤 작품을 걸었는지 살펴봅니다. 또 이를 통해 주제는 어떤 방식으로 전달되고 있는지도 봅니다.

4. 갤러리 공간의 분위기는 어떤가?

갤러리 공간에서 벽의 색감이나 조명, 음악은 어떤지, 리플릿 디자인이나 안내물은 무엇이 있는지도 살펴봅니다. 또 관객들은 갤러리에서 얼마나 머물렀다 가는지, 또 어떤 고객들이 오는지도 체크해 봅니다.

5. 관람객의 반응은 어떠한가?

갤러리를 방문한 고객들은 어떤 작품 앞에서 가장 오래 머무는지 봅니다. 또는 어떤 작품의 사진을 많이 찍는지, 그냥 지나치는 작품은 어떤 작품인지도 살펴보고, 관람 동선이 복잡하거나 얽히지는 않았는지도 체크합니다.

이 다섯 가지 관점으로 전시를 바라본다면 사실상 단순한 감상자가 아니라, 이미 전시를 해석하고 이해하는 입문자가 되었다고 할 수 있습니다.

전시 감상, 이렇게 기록해 보세요

전시를 본 후 하는 기록은 꼭 '멋진 문장'이 아니어도 됩니다. 중요한 건 계속 보고, 쓰고, 쌓는 습관이라고 할 수 있습니다.

1. 전시 정보 정리 (서두 5줄)

전시 제목, 작가 이름, 장소, 관람일시, 전시 주제 키워드 등을 정리한다.

예시
[전시 정보]
전시명: 한국의 근대화가 전시
작가명: 박수근, 이중섭, 박생광, 박래현, 천경자
장소: 덕수궁 미술관

관람일: 2025. 06. 14.

키워드: #한국미술사 #한국근대작가 #한국명화전 #거장전

2. 내가 느낀 한 문장 요약

전시를 본 후, 내가 느낀 감정을 한 문장으로 요약해 보면 전시 전체를 스스로 해석할 수 있게 된다.

예시

이 전시는 한국 미술의 시작에 있던 한국의 근대 작가들이 어떤 시대에 어떤 작업을 해왔는지 보며 현대미술로 오기까지의 미술사를 짐작할 수 있다.

3. 내가 기억하고 싶은 작품 1~2점

어떤 장면을 담을 어떤 작품이 기억에 남았는지 메모해 본다. 그 작품의 색감, 구도, 질감이나 표현 방식까지 그 장면을 글이나 간단한 드로잉으로 메모한다.

예시

세 번째 방에 걸린 은지에 그린 이중섭의 아주 작은 작품이 기억에 남는다. 작은 작품 안에서 어린아이가 그려져 있는 작품은 동심

이 느껴지지만, 왠지 애달프게 느껴졌다.

4. 이 전시에서 배운 점/ 실무적으로 느낀 점

여기서 포트폴리오 연결 포인트가 생긴다고 할 수 있다.

예시

리플릿을 펼쳤을 때 전시장 구조와 작품 순서를 안내한 구성이 관람객에게 친절하다는 인상을 줬다. 만약 나도 전시 소개문을 쓸 기회가 생기면 이런 구조를 참고하고 싶다.

<u>이것만은 꼭! 전시 감상 3단계 요약법</u>

① 보는 힘
→ 눈에 보이는 요소: 작품, 조명, 동선, 구조
② 느끼는 힘
→ 마음의 반응: 이 전시에서 가장 인상적인 감정은?
③ 쓰는 힘
→ 짧게라도 좋으니, 자신의 말로 정리하는 습관

감상 기록을 2~3편만 모아놔도 혹은 SNS에 정리해 둔 전시 리뷰 계정도 포트폴리오가 될 수 있습니다. 또, 감상문에서 느낀 점을 바탕으로 내가 기획해 보고 싶은 전시 아이디어로 발전시킬 수 있습니다.

전시는 보고, 쓰고, 쌓는 것의 과정입니다. 즉, 갤러리에서 일하고 싶은 마음은 작품 앞에 오래 서는 태도에서 시작됩니다. 그러한 경험의 시간이 쌓이면 감상이 해석이 되고, 해석이 글이 되고, 그 글이 여러분을 갤러리의 문 앞으로 안내할 것입니다.
전시를 보고 나왔을 때, 단 한 문장만이라도 남겨보세요.
그게 바로, 당신의 미술 감각이 자라는 가장 솔직한 기록입니다.

PART 4

전시를 만드는 사람들

기획에서 오프닝까지, 무대 뒤의 예술 이야기

전시 기획의 시작과 끝

- 하나의 전시가 만들어지기까지, 그 마법 같은 여정

전시장을 천천히 걷다 보면, 문득 이런 생각이 듭니다.

'이 작품들은 어떻게 여기에 걸리게 된 걸까?'
'이 공간, 이 조명, 이 순서, 이 타이포까지 다 누가 정했을까?'
'전시를 기획한다는 건 대체 무엇을 하는 걸까?'

그림만 보는 것도 좋지만, 그림이 어떤 이야기 안에서 어떤 방식으로 우리 앞에 놓였는지를 상상해 보면 전시가 훨씬 더 입체적으로 느껴집니다. 그리고 갤러리에서 일하고 싶다면, 그 전시가 어떻게 처음 시작되고, 어떤 단계를 거쳐 완성되는지를 이해하는 건 무척 중요한 첫걸음이기도 합니다.

전시는 '한 사람의 질문'에서 시작돼요

모든 전시는 처음엔 아주 조용한 질문 하나로 시작됩니다.

"지금 이 시기에, 꼭 보여줘야 할 작업은 무엇일까?"
"이 작가의 변화가 이 시점에 어떤 의미를 가질까?"
"요즘 관객들이 잃어버린 감각은 무엇일까?"

갤러리 대표나 디렉터, 기획자는 이런 질문에서부터 작가를 떠올리고, 전시의 주제나 톤을 상상하기 시작합니다. 가끔은 어떤 작품 한 점에서 전시가 시작되기도 합니다. 그 한 점이 강하게 말을 걸어올 때, 우리는 자연스럽게 그 작품 주위에 하나의 세계를 짓고 싶은 마음이 생깁니다.

기획자는 누구와 전시를 만들까요?

전시는 혼자서 만들 수 없습니다. 작가, 디자이너, 조명 기사, 운송사, 인쇄업체, 홍보사, 프린터, 웹디자이너 등 기획자는 마치 오케스트라의 지휘자처럼 각각의 파트를 조율하며 움직이게 됩니다. 그리고 이 중심에는 작가와의 관계가 있습니다. 기획자는 작가에게 묻고 또 묻습니다.

"이번 작업은 어떤 마음으로 하신 거예요?"
"그 감정을 어떻게 공간 안에 담아보면 좋을까요?"
"어떤 순서로 보여주면 좋을까요?"
"말보다 느낌이 먼저 전해지게 하고 싶으신가요?"

이렇게 수십 번의 대화 끝에 작가의 마음과 기획자의 상상이 닿는 지점이 생기면, 그게 전시의 출발점이 되는 것입니다.

전시 기획의 6단계

1. 주제 & 작가 선정

- 하나의 메시지를 중심으로 전시의 주제를 정한다.
- 그 주제를 가장 잘 풀어낼 수 있는 작가(또는 작가군)를 선택한다.
- 작가의 기존 작업과 앞으로의 방향성도 함께 고려한다.

예시

'도시 속 외로움'을 주제로 정했다면, 외부와 단절된 일상을 그리는 작가나, 익명의 군중을 다루는 작업을 하는 작가가 적합할 수 있다.

2. 작품 구성 & 수량 확정

- 전시에 필요한 작품 수, 크기, 성격 등을 정리한다.
- 기존 작품을 사용할지, 신작을 전시할지도 논의한다.
- 작품별 위치와 역할(시작, 중심, 여운 등)을 나눈다.

팁(Tip)

여기서부터는 작품의 물성(재료, 무게, 조도 반응 등)도 함께 고려해야 합니다. 왜냐하면, 전시는 '시각'뿐 아니라 '공간'이기 때문입니다.

3. 공간 구성 & 설치 계획

- 평면도에 작품 위치를 표시
- 관람 동선을 설계
- 조명, 간격, 벽 색깔, 바닥 배치까지 고민

'이 작품은 조용한 방에 혼자 걸자'
'여기선 관객이 앉아서 천천히 머무를 수 있으면 좋겠다'
'두 점의 작품이 마주 보게 해서 긴장감을 만들자'

이런 생각들이 공간 안에서 '보이지 않는 설계'로 스며듭니다.

4. 홍보 & 콘텐츠 기획

- 포스터, 리플릿, 온라인 홍보물 디자인
- SNS 카드뉴스, 작가 인터뷰 영상
- 전시 소개 글, 프레스 릴리스, 도록 제작
- 오프닝 이벤트, 아트토크 프로그램 기획

이 단계는 전시의 인상이 만들어지는 순간입니다.
그래서 '디자인'보다는 '전시의 온도'를 전하는 것이 더 중요하답니다.

5. 설치 & 오픈

- 작품 운송, 설치, 수평 조정, 명패 부착
- 작품 보호 장비, 조명 각도, 온습도 체크
- 최종 점검 후, 관객 맞이 준비 완료!

이때 기획자는 모든 일정표와 시계를 들여다보며 조용히 혹은 다급하게 움직이고 있습니다. 하지만 겉으로는 늘 침착하고 정돈된 태도를 유지합니다. 전시는 이미 작품이 걸린 그 순간부터 '언어 없이 말하는 공간'이 되기 때문에, 기획자도 그 공간의 일부분처럼 조용히 그 안에 있어야 합니다.

6. 아카이브 & 마무리

- 사진, 영상 기록
- 관람객 반응 정리
- 언론 보도 모니터링
- 작가 정산, 후속 미팅
- 내부 회고 및 정리 문서 작성

좋은 전시는 전시 중보다 전시 이후가 더 깁니다. 그 감정이 오래 남을 수 있도록 기획자는 마지막까지 작품과 관객, 작가를 지켜봅니다.

> 전시 기획에 필요한 건 아이디어가 아니라 '사람의 마음'

전시는 기획자의 아이디어만으로 완성되는 것이 아닙니다. 작가의 감정, 관객의 반응, 공간의 공기까지 모두 조율해야 합니다. 그래서 좋은 전시 기획자는 '작품을 제일 잘 이해하는 사람'이자, '가장 뒤에서 조용히 뒷받침하는 사람'입니다. 즉, 기획자는 작품을 드러내기 위해, 스스로는 최대한 투명해지려는 사람이라고 할 수 있습니다.

작가 선정부터 계약까지, 실전 프로세스
- 전시를 함께할 '한 사람'을 만나는 과정

갤러리에서 전시를 기획한다고 하면, 가장 먼저 해야 할 일이 전시할 작가를 선정하는 일입니다.

"어떤 작가님을 모실까?"
"이 주제에 어울리는 작업을 하는 분은 누구일까?"
"이 작가님의 작업을 우리가 잘 전달할 수 있을까?"

작가를 선정하고 나면 다음으로 전시 방향에 대한 이야기를 나누고, 작품 수나 형식, 전시 일정, 수익 배분 등 '계약'이라는 현실적인 단계를 하나씩 정리해 가는 일이 시작됩니다.

신용구 작가님과 연희동에서 미팅   김한숙 작가님과 전시장에서 미팅   서완호 작가님과 미술관에서 미팅

작가를 고른다는 것: 작품을 넘어서 마음까지 보는 일

작가를 선정한다는 건 단지 '요즘 뜨는 작가를 골라보자'는 게 아닙니다.

갤러리 입장에서 작가를 고른다는 건 이 사람의 세계를 우리 공간에 초대하겠다는 결정입니다. 즉, 단순한 섭외가 아니라 함께 시간과 공간을 공유하는 파트너를 고르는 일이라고 할 수 있습니다.

작가를 선정할 때 갤러리가 보는 것
- 작업의 방향성과 깊이: 한 번의 유행이 아니라, 꾸준히 탐구해 온 세계가 있는가?
- 주제와 감각의 독창성: 이 작가는 자신만의 시선으로 세상을 바라보는가?
- 실행력: 전시를 위한 일정 조율, 작업 완성도, 협업 태도가 있는가?
- 커뮤니케이션 스타일: 기획자, 갤러리와의 대화를 원활하게 할

수 있는가?

즉, '이 작가님과 같이 일하면 서로 성장할 수 있을까?'라는 질문에 곧바로 '네'라고 답할 수 있어야 합니다.

작가와의 첫 연결: 어떻게 말을 꺼낼까?

작가를 처음 접촉할 때, 갤러리는 보통 공식적인 제안 이메일을 보냅니다. 이 외에도 DM, 지인을 통한 소개 등 다양한 경로가 있습니다.

제안서에 담기는 내용 예시
- 갤러리 소개
- 제안 전시의 방향
- 전시 일정 및 예상 기간
- 작가에게 기대하는 작업 형식 또는 수량
- 실적, 포트폴리오 공유 요청
- 미팅 요청

팁(Tip)
이메일을 보낼 땐 너무 격식을 차리기보단, 작가가 '초대받고 있다'는 느낌이 들게 따뜻하게 쓰는 게 좋습니다.

첫 미팅: 말보다 중요한 건 '태도'

작가와의 첫 미팅은 면접처럼 굳이 형식을 갖추기보다 서로가 서로를 소개하는 시간입니다.

갤러리가 물어보는 질문들
- 최근 작업은 어떤 배경에서 만들어졌나요?
- 평소 전시에 중요하게 생각하는 건 무엇인가요?
- 관객이 어떤 감정을 느끼길 바라시나요?
- 전시에서 함께 다뤄보고 싶은 주제가 있으신가요?

이때 갤러리 입장에서는 말의 내용만큼, 작가의 태도도 유심히 살펴봅니다. 너무 수동적이거나, 반대로 지나치게 비협조적이라면 장기적인 파트너십이 어렵다고 판단할 수 있습니다.

전시를 함께하기로 결정됐다면? 이제는 '계약'의 시간

작가와 전시에 대해 합의가 이뤄졌다면, 그다음은 정식 계약서 작성 단계로 넘어갑니다.

이건 '서로의 권리와 책임'을 명확히 하기 위한 절차입니다.

계약서에 보통 포함되는 항목
- 전시 일정과 기간
- 출품 작품 수 및 리스트 제출 기한
- 판매 가격 책정 및 협의 방식
- 작품 판매 수익 배분율(보통 60:40, 50:50 등)
- 운송, 설치, 보험 등 실비 부담 주체
- 작가의 의무: 작품 납기, 협조 의무, 작품 관리
- 갤러리의 의무: 전시장 제공, 홍보, 판매 등
- 작품 손상, 취소, 연기 등의 상황에 대한 조항

팁(Tip)

계약서는 딱딱해 보여도, '신뢰를 시작하는 방식'이라는 마음으로 쓰면 좋습니다.

사소한 부분일수록 나중엔 더 중요해집니다.

계약 이후에도 갤러리와 작가는 '계속 대화하는 사이'예요

계약을 맺었다고 해서 끝이 아닙니다. 진짜 전시는 이제부터 시작

입니다.

- 작업 진행 상황 체크
- 작품 이미지 수집
- 전시 제목 및 글쓰기 협업
- 리플릿, 도록 등 편집 방향 논의
- 작품 설치 방식 협의
- 오프닝 프로그램 기획

　작가와의 대화는 단발적이지 않습니다. 전시가 끝날 때까지 하기도 하며, 작가의 다음 프로젝트까지 이어지기도 합니다.
　그게 바로 갤러리와 작가가 만들어 가는 작은 파트너십의 진짜 모습입니다.
　작가 선정과 계약은 단순히 실무적인 절차가 아닙니다. 그것은 하나의 '세계를 믿고 공간을 내어주는 일'입니다. 작가가 작업으로 쌓아온 시간, 감정, 언어, 이미지 등의 그 모든 것을 신뢰하고, 그 안에 내 시간과 공간을 함께 걸겠다고 약속하는 일입니다.
　갤러리스트는 언제나 작품보다 먼저 '사람'을 보는 사람이 되어야 합니다.

전시장은 무대다: 구성과 연출

- 눈에 보이지 않는 디테일이, 기억에 남는 감정을 만듭니다

전시장을 걸을 때 우리는 작품을 '본다'고 생각하지만, 사실은 공간을 '느끼고' 있는 것입니다. 그림이 벽에 어떻게 걸려 있는지, 두 작품 사이의 간격은 어떤지, 어느 방향으로 조명이 비치고 있는지, 배경음은 들리는지, 그리고 내가 지금 어디쯤 걷고 있는지를 인식하는 감각 등의 모든 걸 기획하고 설계하는 사람이 바로 전시장 구성과 연출을 담당하는 갤러리스트입니다.

전시 구성은 '순서'가 아니라
'이야기 '흐름'을 만드는 일이에요

전시를 구성할 때 가장 중요한 건 작품의 순서보다, 작품 간의 관계입니다.

예를 들어, 작품 A 다음에 B를 걸었을 때 '아, 이런 감정이 이어지는구나' 하고 관객이 자기도 모르게 걸음 속도나 시선을 바꾸는 순간이 생깁니다. 그게 바로 전시장이라는 공간이 하나의 '무대'가 되는 지점입니다.

시작과 끝은 '인상'이 아니라 '감정 곡선'으로 설계해요

전시의 첫 작품은 보통 가장 강렬하거나 가장 차분하거나, 둘 중 하나입니다.

- 강렬한 작품 → '어? 이거 뭐지?' 하고 관객의 발을 멈추게 함
- 차분한 작품 → '조용히 들어오세요'라고 속삭이는 느낌을 줌

끝나는 작품은 여운을 남기거나, 완결감을 주는 방향이 좋습니다. 무언가 여운을 남기는 느낌, 전시장에서 나가기 싫은 느낌. 바로 이런 느낌들은 전시의 구성이 감정의 흐름을 잘 이끌었다는 증거입니다.

벽면 구성: 한 작품이 걸리는 데 필요한 것은 못 하나가 아니에요

작품을 벽에 건다는 건 공간, 높이, 간격, 배경, 빛, 주변의 침묵까지 함께 건다는 뜻입니다.

기본 구성 팁

- 중심 높이: 일반적으로 눈높이 기준 약 145~150cm
- 작품 간 간격: 20~50cm 혹은 감정 간격에 따라 달라짐.
- 세로형 vs 가로형: 다른 비율의 작품은 '시선 전환의 계기'가 되기 때문에 구간을 나누는 데 유용

벽의 색

- 흰색: 중립적, 작품 자체에 집중하게 함.
- 회색 계열: 깊이감, 명상적 분위기.
- 검정: 영상이나 사진 작업에 어울림.
- 색을 쓴다면?: 작가의 색감과 조화를 신중히 고려

조명: '보이게' 비추는 게 아니라 '느껴지게' 비추는 것

갤러리 조명은 말 그대로 작품을 드러내는 연출 장치입니다.

스폿조명

작품 하나하나에 집중을 주고 싶을 때 조용하고 무게감 있는 분위기를 만듦.

확산조명

전체 공간을 환하게, 부드럽게 설치작품이나 영상 작업, 공간성 위주의 전시에 어울림.

조명 각도 & 그림자

- 조명이 너무 정면에서 비치면 납작해져 보임.
- 살짝 옆에서 비추면 질감이 살아남.
- 그림자도 작품의 일부처럼 활용되기도 함.

동선 설계: '어떻게 걷게 할 것인가?'는 '어떻게 느끼게 할 것인가?'

좋은 전시는 관객이 '어떻게 걸었는지'가 기억에 남지 않을 정도로 자연스러운 동선을 설계합니다.

팁(Tip)

- 작품이 많은 전시 → 감정을 정리해 줄 여백이 필요

- 작품이 적은 전시 → 중간에 '머무를 수 있는 포인트'를 배치
- 영상, 사운드 작품 포함 → 빛, 소리 간섭 최소화한 분리 공간 필요

관객이 한 방을 나가고 다음 방에 들어갈 때 '아, 분위기가 바뀌었네'라고 느끼면, 그건 공간 연출이 성공한 것입니다.

설치: '무대 뒤'에서 벌어지는 가장 바쁜 하루

전시 설치일은 말 그대로 전시의 리허설이자, 공연 준비일입니다.

설치 체크리스트

- 작품 도착 → 검수, 상태 확인
- 위치 마킹 → 수평계, 줄자, 벽면 테이핑
- 조명 조정 → 높이, 거리, 색온도
- 캡션 부착
- 리플릿, 작품 리스트 비치
- 마지막 전체 점검

설치는 체력도, 집중력도, 감각도 동시에 쓰는 시간이지만 가장 짜릿한 순간이기도 합니다.

왜냐하면, 비어 있던 공간에 작가의 세계가 하나씩 자리를 잡는 장면을 가장 가까이에서 목격하는 순간이기 때문입니다.

공간이 작품을 도와줄 때, 관객은 감동을 기억해요

공간 연출이 정말 잘된 전시는 관객이 "작품이 예쁘다"는 말보다 "그 전시장이 너무 좋았어"라는 말을 먼저 하게 됩니다. 그 말은 곧 작품과 공간이 하나로 어우러졌다는 증거입니다.

전시는 눈이 아니라 몸으로 느끼는 것입니다.

좋은 전시 연출은 관객의 시선을 이끌기도 하고, 발걸음을 멈추게 하기도 하고, 때로는 그냥 한숨을 쉬게 만들기도 합니다. 그 모든 감각은 작품 하나가 아니라 작품과 작품 사이, 작품과 공간 사이, 작품과 관객 사이의 '사이'를 설계한 사람이 있었기 때문에 가능한 일입니다. 그리고 그 사람이 바로, 당신일 수 있습니다.

도록, 리플릿, 캡션: 말 없는 안내자들
- 전시를 더 오래, 더 깊게 남게 하는 글쓰기와 디자인의 기술

전시가 열리면 사람들이 작품을 보고, 사진도 찍고, 감상을 나누고 돌아갑니다. 전시를 보는 그 순간도 물론 중요하지만, 그 전시가 끝난 후에도 누군가의 서랍 속이나 책상 한편에 남아 있는 것, 그게 바로 도록, 리플릿, 그리고 캡션입니다.

이 작은 인쇄물들이 관객에게는 전시의 흔적이 되고, 작가에게는 아카이브가 되며, 갤러리에게는 또 하나의 '전시 연장선'이 되어줍니다.

그렇다면 이 실무들은 어떻게 기획하고 쓰며, 어떻게 디자인하고 마감까지 갈까요?

리플릿: 전시의 '첫인상'을 만드는 한 장짜리 소개서

구겐하임 리플릿 사진

리플릿은 관객이 전시장에 들어오자마자 손에 들게 되는 가장 기본적인 안내 자료입니다. 보통 A4 한 장 양면, 또는 3단 접지로 제작되며, 최근에는 엽서 크기로도 제작을 많이 합니다.

주요 구성 요소는 다음과 같아요

- 전시 제목, 작가 이름
- 전시 일시, 장소
- 작가 소개(짧게)
- 작품 이미지(1~2점)
- 전시 소개문(기획 의도나 간단한 작가 노트)

- 갤러리 연락처, SNS, 홈페이지 주소
- 후원 기관, 협찬 로고 등

디자인 팁
- 갤러리의 톤 앤드 매너를 유지할 것(로고, 서체, 색상 통일)
- 작품이 주인공이라는 사실을 잊지 말 것
- 이미지와 텍스트의 균형이 중요(너무 많은 글은 오히려 읽히지 않음)

Tip

리플릿은 '정보'보다는 '분위기'를 전달하는 게 목적이에요. 그래서 종이 재질이나 인쇄 질감도 전시 분위기에 어울리게 고르면 훨씬 좋습니다.

캡션: '말없이 설명하는 안내자'

캡션 사진

갤러리에서 벽에 그림 옆에 조용히 붙어 있는 작은 흰색 종이 하나. 그게 바로 작품 캡션이에요.

캡션에 꼭 들어가는 항목

- 작가 이름(한글/영문 병기)
- 작품 제목(한글/영문 병기)
- 제작 연도
- 재료
- 사이즈
- 에디션 여부(판화/사진일 경우: 1/5 등)

예시

캡션 사진 넣을 것

김은지 Kim Eunji

「숨 쉬는 색깔」 Breathing Color, 2024

Acrylic on canvas, 91×73cm

캡션 실무 꿀팁(Tip)

- 크기: 보통 가로 8~10cm 정도/글자 크기는 10pt 내외
- 위치: 작품 오른쪽 하단에서 일정한 간격 유지
- 정렬 방식: 모두 왼쪽 정렬 또는 가운데 정렬로 통일
- 부착 방법: 벽 손상 방지를 위해 마스킹 테이프나 마그네틱 캡

션 사용

주의

작가 이름, 연도, 사이즈 틀리면 큰 실수이기 때문에, 최종 인쇄 전에 반드시 작가 확인 필수!

도록: 전시의 기억을 '책'으로 묶는 일

데이비드 호크니 작품 도록

도록은 리플릿과 달리 전시가 끝난 후에도 영구적으로 남는 기록물입니다.

작가에게는 작업의 '기록집'이고, 갤러리에게는 큐레이션의 결과물이며, 관객에게는 전시를 다시 떠올릴 수 있는 '책'입니다.

도록 구성 예시(24p 기준)

① 표지

② 전시 제목 & 기간

③ 기획자의 글 또는 작가 노트

④ 작가 소개

⑤ 작품 이미지 + 설명(약 10~15점)

⑥ 전시장 전경 사진

⑦ 설치 전/후 비교 컷

⑧ 작품 리스트(표 형식)

⑨ 후원 기관 로고 & 크레딧

⑩ ISBN 또는 QR코드

실무 순서

① 콘텐츠 수집
- 작가 프로필, 작업 노트, 고해상도 이미지
- 캡션 정보 일괄 정리

② 텍스트 교정
- 맞춤법, 띄어쓰기, 작가명 영문 철자 등 꼼꼼히 확인
- 전시 제목과 통일된 어휘 사용

③ 디자인 & 인쇄
- 보통 인디자인, 일러스트레이터 사용
- 1주 이상 여유 있는 일정 확보

- 인쇄소와 수차례 교정 소통 필요

④ 배포 방식
- 전시 현장 판매 또는 무료 비치
- 온라인 PDF 버전 제작
- 출판 등록 시 ISBN 발급

팁(Tip)
- 도록 제목은 전시 제목 그대로 가되, 부제를 넣어도 좋아요.
- 작업 이미지 사이에는 작가의 드로잉, 메모, 사진 같은 비공식 작업을 넣으면 더 감성적인 분위기를 줄 수 있어요.

글쓰기 실무: 어렵지 않아요, 다정하게 쓰면 됩니다

리플릿용 소개글은 이렇게 써보세요

"작가 ○○는 사라지는 것들을 오래 바라보는 사람입니다.
이번 전시에서는 일상 속의 빛과 기류를 포착해
우리가 지나치던 순간을 다시 돌아보게 합니다."

소개글은 너무 이론적으로 쓰지 않아도 되며, 그 작가의 감성과 시선을 조용히 옆에서 소개해 주는 말투가 좋습니다.

도록용 작가 노트를 부탁할 때는?

너무 어렵게 말해달라고 하지 마세요.

'작업을 시작하게 된 계기, 최근에 중요했던 변화, 이번 전시에서 말하고 싶은 이야기' 정도만 써달라고 하면 작가도 부담이 없습니다.

전시는 눈으로 보고, 인쇄물로 기억됩니다.

작품은 전시장에 있지만, 도록과 리플릿, 캡션은 그 전시의 말 없는 해설자라고 생각하면 됩니다. 이 작은 기록물 하나하나로 인해 누군가는 전시를 처음 알게 되고, 누군가는 전시가 끝난 후에도 다시 그 시간을 꺼내 보기도 합니다. 그래서 갤러리스트는 '한 장의 종이에도 온기를 담는 사람'이어야 합니다. 단어 하나, 여백 한 줄, 종이의 질감까지. 그 안에 전시의 마음이 담겨 있습니다.

설치와 디스플레이, 작품이 자리를 잡기까지
– 작품을 벽에 '거는 일'은, 공간에 '감정을 입히는 일'이에요

조형아트서울 아트페어에서 전시장 만들기

전시준비에서 가장 긴장되고도 설레는 순간은 바로 작품 설치 당일입니다.

갤러리 한쪽 벽에 조용히 놓여 있던 그림들이 하나둘 벽에 걸리기 시작하면, 비어 있던 공간이 마치 '호흡을 시작하는 것 같은 느

낌'이 듭니다. 설치는 단순한 물리적 배치가 아니라 작품, 공간, 관람객 사이의 관계를 디자인하는 일입니다. 그 안에는 기술과 감각, 체력, 팀워크까지 모두 들어가 있습니다. 그렇다면 갤러리 실무자에게 꼭 필요한 전시장 설치와 디스플레이의 실제 과정은 어떻게 될까요?

설치 하루 전, 준비가 절반이에요

전시장 설치는 '현장감'이 강한 일이지만 실은 철저한 사전 준비가 성패를 좌우합니다.

설치 전 필수 체크리스트
- 작품 리스트와 실제 수량 일치 여부
- 작품 운송 완료 & 개봉 상태 확인
- 벽면 실측 + 동선 시뮬레이션
- 설치용 도구 준비 (수평계, 줄자, 레이저 포인터, 드릴, 장갑, 테이프 등)
- 캡션 출력 및 부착 위치 확인
- 전시장 조명 조정 계획 세우기

팁(Tip)
설치는 '당일 결정'보다 '전날 결정'이 많아야 순조로워요.

작품 설치: 작품을 걸기 전, 작가의 의도를 다시 생각하세요

작품을 벽에 단순히 '배열'하는 것이 아니라 작가의 시선과 숨결이 그 공간에서 잘 전달될 수 있도록 배치하는 일입니다.

설치 기본 순서

① 메인 작품 위치 선정
- 전시의 흐름을 이끌어 가는 '핵심 작품'은 입구 or 중간 중심부에 배치

② 작품 간 간격 조절
- 너무 빽빽하면 답답하고, 너무 벌어지면 흐름이 끊긴다. 보통 최소 30~50cm 거리 유지

③ 작품 중심 높이 설정
- 일반적으로 관람자 눈높이인 145~150cm 중심

④ 작품 부착 방식 선택
- 못 박기
- 레일 시스템
- 벽면 선반 위 거치
- 바닥 거치 or 설치작품은 수평, 안정감 확보

⑤ 작가와 함께 최종 확인
- 높이, 간격, 방향, 조명까지 체크 후 고정

주의

작품이 가벼워 보여도 설치는 늘 두 사람이 함께 작업해야 해요. 작품 손상은 작은 충격에서도 발생할 수 있어요.

조명 연출: 작품을 '비추는' 게 아니라 '이끌어 주는' 빛

기본 조명 세팅 팁(Tip)

- 각도: 30~45도 정도 비스듬하게 비추면 그림자도 자연스럽고 질감도 살아남.
- 색온도: 회화에는 따뜻한 조명(3,000K), 사진, 영상에는 중성 조명(4,000~5,000K)
- 스폿 vs 확산: 강조할 작품은 스폿조명, 공간 전체는 부드러운 확산광 사용

설치 후 필수 체크포인트

- 빛이 너무 강해 색감이 왜곡되지는 않는가?
- 유리에 반사가 생기지는 않는가?
- 다른 작품에 그림자가 겹치지는 않는가?

설치형, 입체 작품, 오브제는 더 섬세한 감각이 필요해요

설치작품은 회화보다 훨씬 많은 것들을 고려해야 해요.

- 관람자 동선과 충돌하지 않는가?
- 위에서 내려다보는가, 아래에서 올려다보는가?
- 조명이 지나치게 그림자를 만들지는 않는가?
- 작품 주변에 필요한 공간(숨, 여백)은 충분한가?

특히 소리, 영상, 인터랙티브 요소가 있는 경우에는 전기, 음향, 조도, 안내문까지 모두 함께 고려해야 합니다.

전시장 최종 정리: 디테일이 전시의 품격을 만들어요

설치가 끝났다고 바로 퇴근하면 안 됩니다. 최종 정리는 관객을 맞이하기 위한 예술적인 환대의 과정이에요.

- 벽면 먼지 닦기
- 작품 주변 정리
- 캡션 수평 확인 & 부착
- 리플릿 비치

- 오프닝용 안내판 세팅
- 전시장 전체 조명/공기 점검

마지막 점검 팁(Tip)

전시장을 한 바퀴 '관객처럼' 걸어보세요. 작품이 먼저 보이는지, 글이 방해되지 않는지, 걸음이 자연스러운지 체크해 보면 놓쳤던 디테일이 보이기 시작합니다.

설치일의 마음: 함께 만든다는 감각

설치일은 실무자, 작가, 보조자, 디자이너, 영상 촬영팀 등 수많은 사람들이 동시에 움직이는 날입니다. 바쁠수록 서로 말이 짧아지기 쉬운데, 그럴수록 더 따뜻하게, 부드럽게 말하도록 합니다.

"여기 이 작품은 한 칸 왼쪽으로 이동하면 어떨까요?"
"작가님, 혹시 의도하신 각도가 있으셨을까요?"
"조명이 너무 세지 않나요? 조금 줄여드릴까요?"

이렇게 말하는 한마디 한마디가 그날의 분위기를 만들고 결국 전시의 감도에도 영향을 주게 됩니다.

작품이 벽에 걸리는 순간, '공간'이 '서사'가 됩니다.

전시장 설치는 단순히 물건을 옮기고 거는 일이 아닙니다. 예술이 자리를 잡는 과정, 그리고 공간이 하나의 이야기로 흐르기 시작하는 출발점이라고 할 수 있습니다.

따라서 작품 하나를 걸기 위해 수십 번 벽면을 재고, 수평계를 들여다보고, 조명을 돌리고, 손으로 먼지를 닦는 이 작은 과정들이 결국 관객이 "참 좋았다"라고 말하는 그 조용한 감동을 만들어 냅니다.

오프닝 이벤트, 예술을 축제로 만드는 순간
- 전시가 살아 숨 쉬는 첫날, 사람과 감정이 모이는 순간

전시를 준비하는 모든 과정이 조용한 숨이라면, 오프닝은 그 숨을 내뱉는 첫 호흡입니다.

벽에 작품이 걸리고, 조명이 조율되고, 도록과 리플릿이 인쇄되고, 설치가 마무리된 다음, 마지막 퍼즐은 바로 사람들이 함께하는 오프닝 이벤트입니다. 오프닝은 단순히 '전시 시작을 알리는 시간'이 아니라, 작가와 관객, 작품과 공간, 예술과 사회가 서로 처음 인사하는 장면입니다.

갤러리 이철랑 작가 전시 오프닝

오프닝의 목적은 단순한 '파티'가 아니에요

많은 분들이 오프닝을 '와인 마시며 돌아다니는 자리' 정도로만 생각하시지만, 사실 오프닝은 전시 전체에서 가장 중요한 '사람을 연결하는 접점'입니다.

오프닝의 핵심 목적은 세 가지예요
① 작가와 관객의 직접적인 소통
② 작품의 첫인상을 공유하는 순간
③ 갤러리의 아이덴티티를 보여줄 수 있는 자리

이 자리를 잘 설계하면, 전시의 시작부터 관객과의 신뢰를 만들 수 있습니다.

오프닝 전 준비: 하루를 위한 한 달의 준비

최소 2주 전에는 다음을 확정해야 해요.

- 일시 및 시간(보통 전시 첫날 5~7시 사이)
- 초대 대상 리스트 정리(VIP, 컬렉터, 작가 지인, 언론, 일반 관람객 등)
- 초대장 디자인 & 발송(디지털 또는 인쇄물)
- 간단한 케이터링 구성(와인, 스낵, 논알콜 음료 등)
- MC, 인사 순서, 간단한 행사 순서 구성
- 포토존 또는 소규모 이벤트 유무 확인
- 인원 관리와 방역, 동선 체크

팁(Tip)
디지털 초대장일수록 '감성 있는 이미지 + 간단한 전시 소개' 조합이 좋아요.

오프닝 당일: 전시장이 무대가 되는 순간

오전: 최종 점검
- 작품 상태, 조명 상태, 캡션 정렬
- 입구 사인물 설치

- 리플릿 비치
- 케이터링 도착시간 확인
- 작가님 도착시간 체크

오후: 리허설 & 간단한 스태프 브리핑
- 인사 순서, 타이밍, 마이크 위치 등
- '누가 누구를 소개할지', '작가가 언제 말할지' 정리
- 스태프별 역할 분배(입구, 응대, 음료 서비스, 사진 등)

이벤트 중
- 작가 소개 및 인사
- 대표 인사말
- 간단한 큐레이터 토크 or 토크쇼 형식
- 포토 타임 & 자유 관람
- 네트워킹 시간

오프닝에서 갤러리 실무자가 챙겨야 할 것들

작가 챙기기
- 너무 부담되지 않도록 '말 걸어줄 사람'을 배치해요.
- 처음 오는 손님과 자연스럽게 연결해 주는 큐레이터 역할이

중요해요.

처음 오는 관객에게 공간을 소개할 수 있는 사람 배치
- 입구에서 "안녕하세요, 전시 보시러 오셨어요?"로 다정하게 맞아주세요.

사진 촬영 담당자 확보
- SNS 홍보용 이미지 확보 필수! 작가-작품-관객-풍경 골고루 담아주세요.

작가의 지인들과 '조용히' 이야기할 수 있는 공간 배려
- 오프닝은 북적이지만, 감정을 나눌 공간도 필요해요.

오프닝 이후: 전시 전체를 위한 첫 단추 정리

- 참석자 기록(명함, 방문자 수 등)
- SNS 후속 업로드(오프닝 사진, 소감, 작가 멘트 등)
- 작가와 피드백 미팅(느낀 점, 관객 반응 등)
- 후기 메일 or DM 발송(감사 인사와 전시 일정 안내)

팁(Tip)

오프닝에 온 관람객이 '전시를 다시 보러 오고 싶은 마음'을 갖게 하려면 '그날 받은 감정을 잊지 않게 복기시켜 주는 후속 콘텐츠'가 중요합니다.

특별한 오프닝을 만드는 작은 아이디어들

- 작가에게 짧은 메모를 쓰는 노트북 코너
- 관객이 하나씩 가져갈 수 있는 아트카드
- 작가가 좋아하는 음악으로 배경 플레이리스트 구성
- 작품을 모티브로 한 향기나 음료
- '전시를 한 문장으로 표현한다면?' 피드백 벽

이런 장치들은 작가와 관객 사이를 짧지만 인상 깊게 연결해 줍니다.

오프닝은 '작품의 첫 대화'를 준비하는 날입니다.

전시 오프닝은 갤러리의 실무자 입장에서는 가장 바쁘고 정신없는 시간이지만, 관객 입장에서는 가장 설레는 순간입니다. 그날의 그 공간과 감정이 전시 전체의 첫인상을 결정합니다. 그래서 갤러리스트는 공간을 정돈하는 손이자, 분위기를 조율하는 눈이자, 사람과 사람을 잇는 마음의 매개자가 되어야 합니다. 오프닝을 잘 준비한다는 것은, 전시를 기억에 남게 하는 첫 장면을 책임진다는 것을 기억해야 합니다.

외부 협력자와의 찰떡 커뮤니케이션
- 함께 만들수록, 더 정교해지는 전시

전시를 준비할 때 갤러리 안에서만 모든 일이 벌어지는 건 아닙니다. 사실 정말 많은 일들이 '갤러리 밖' 사람들의 손을 거쳐서 완성되곤 합니다.

디자이너가 만든 리플릿, 운송사가 안전하게 옮긴 작품, 설치팀이 정확하게 걸어준 캔버스 한 점. 이 모든 과정은 작품 하나하나에 눈에 보이지 않게 깃들어 있습니다. 그래서 갤러리스트에게는 '외부 협력자와 잘 소통하는 능력'이 반드시 필요합니다.

디자이너와의 소통: '이미지를 만드는 말'을 준비하세요

디자이너는 주로 포스터, 리플릿, 도록, 캡션, 전시장 사인물 등 전시의 '시각적 얼굴'을 만드는 역할을 합니다.

처음 미팅 전, 준비하면 좋은 것

- 전시 주제와 분위기 요약(예: 조용한 서정성, 직선적인 리듬 등)
- 대표 작품 이미지 3~5점
- 과거 전시도록 또는 참고 디자인 예시
- 필요한 인쇄물 종류 & 규격(리플릿, 포스터, 도록 등)
- 인쇄 마감 일정

팁(Tip)

"예쁘게 해주세요"보다 "이번 전시는 ○○ 같은 느낌이 중심이에요. 색감은 톤다운 된 회색-청록 계열이면 좋겠어요" 등의 감정 + 정보가 담긴 설명이 훨씬 효과적이에요.

자주 쓰는 표현

- "이 타이포 느낌이 작가의 작업 언어랑 잘 어울려요"
- "작품을 해치지 않도록, 정보는 조용하게 들어갔으면 해요"
- "전시장에서 배포하는 리플릿이라, 접지방식도 관람 동선을 고려하고 싶어요"

운송사와의 소통: '정확하게 말하고, 믿고 맡기기'

작품 운송은 단순히 '이동'이 아니라 작품의 안전을 지키는 일입니다. 그래서 갤러리에서는 반드시 미술품 전문 운송사 또는 전시 경험이 있는 업체와 협력하는 것이 좋습니다.

사전 전달 사항

- 작품 수량 및 사이즈, 소재
- 포장 여부(포장 필요한지, 직접 했는지)
- 픽업 주소, 도착 주소, 담당자 연락처
- 엘리베이터 유무, 운송 동선 안내
- 시간 지정(특히 백화점, 호텔 전시 시 중요!)

현장 소통 팁(Tip)

- 운송 오기 전날 다시 한번 확인 전화 하기
- 현장 도착 시 "이쪽부터 내려주시고, 작은 작품은 뒤쪽에 부탁드릴게요"라고 미리 말하기
- 다 끝난 후에는 "오늘 고생 많으셨어요, 작품 너무 안전하게 와서 다행이에요"라는 한마디는 꼭 챙기기

운송팀도 '작품을 다루는 사람들'이라는 존중의 시선이 매우 중요합니다. 그 진심은 말투와 태도에서 충분히 전해지므로 진심으로 감사한 마음을 담는 것이 중요합니다.

설치팀과의 소통: '같이 걸어가는 작업'

설치팀은 실제 작품을 전시장 벽에 걸어주는 사람들, 즉, 작품을 공간에 데려다 놓는 마지막 주인공입니다.

설치 전에 준비할 것

- 작품 위치, 순서 정리한 벽면 배치도
- 작품 간 간격 표시 (A4 용지 등으로 마킹)
- 설치 방식별 구분 (못, 레일, 받침대 등)
- 필요한 장비 요청 (사다리, 드릴, 장갑, 조명 조절기 등)

현장 소통 예시

- "이 작품은 중심 높이 145cm 맞춰주세요"
- "여기 2점은 간격 35cm 정도로 띄우고 싶어요"
- "작가님 오시면 다시 확인하실 거니까 고정은 잠시만요"

설치는 정확함 + 유연함이 모두 필요한 작업입니다. 그래서 '지시'보다 '제안'의 말투가 훨씬 협업에 도움이 됩니다.

소통의 핵심은 '내 언어를 상대의 언어로 번역하는 힘'이에요

외부 협력자들은 미술 전공자가 아닐 수도 있습니다. 그래서 우리가 쓰는 예술 언어나 감정적인 표현이 잘 전달되지 않을 수도 있습니다.

예시

"이 작품은 서정적인 감정을 보여주고 싶어요" → "전체 조명을 부드럽게 깔고, 이 작품엔 그림자가 생기지 않게 해주세요"
"이쪽 공간은 감정의 여백이에요" → "여기는 작품 없이 두고, 안내문만 조용히 설치할 예정이에요"

이처럼 말이 아니라 행동과 결과로 상상할 수 있게 말해주는 것, 그게 실무 소통의 핵심입니다.

전시가 끝난 후, 잊지 마세요

- 디자이너에게 도록이나 리플릿 실물 전달하기
- 운송팀, 설치팀에게 '다음에도 함께하고 싶다'는 메시지 남기기
- 정산은 정확하고 빠르게 처리하기

"이번 전시 정말 감사했어요"라는 한 줄이 다음 전시에 기꺼이 달려와 줄 수 있는 힘이 되기도 합니다.

전시를 만드는 건 사람이고, 사람을 연결하는 건 태도입니다.
작품 하나가 벽에 걸리기까지 눈에 보이지 않는 수많은 손길이 함께합니다. 전시라는 공동의 프로젝트에서 갤러리스트는 단순한 지시자가 아니라, 작가와 외부 팀 사이에서 의미와 마음을 조율하는 사람이라고 할 수 있습니다.
전시가 끝났을 때 모두가 이렇게 말할 수 있다면 정말 성공한 전시입니다.

"힘들었지만, 같이해서 좋았어요"

PART 5
아트딜러의 시선으로

작품을 '파는' 것이 예술을 '잇는' 일이 될 때

작품은 누가, 어떻게 판매하나
- 그림도 설명이 필요하다

전시장에서 작품을 보고 나올 때, 가끔 이런 말을 듣곤 합니다.

"이 작품, 얼마일까?"
"이런 거… 진짜 누가 사긴 사는 걸까?"

갤러리에서 일하게 되면 우리는 어느 순간, 이 질문에 대해 '답하는 사람'이 됩니다.

작품의 가격을 말하고, 구매 의사를 전한 고객과 대화하고, 작가에게 판매 사실을 알리는 사람이 되는 것입니다.

그러면 작품이 판매되기까지 어떤 과정이 있을까요?

전시장에서 큐레이터가
고객에게 작품 설명

작품은 '설명'이 아니라 '이해'를 통해 팔려요

작품은 흔히 "좋아서 산다"고 말하지만, 그 '좋음'에는 이해와 감정, 신뢰와 타이밍까지 복합적으로 얽혀 있습니다.

고객이 작품을 구매하기까지의 흐름
관심 → 이해 → 질문 → 망설임 → 결심 → 구매

주로 고객은 처음에 어떤 그림에 관심을 가지게 됩니다. 그리고 그 작품의 의미를 이해하게 되고, 모르는 것은 갤러리스트에게 질문합니다. 그리고 내가 그 작품을 가졌을 때 어떨지 혹은 우리 집에 그 작품이 들어오면 어떤 분위기가 될지 상상한 후, 결심을 내리고 구매까지 하게 됩니다. 그리고 그렇게 결정을 내리기까지, 그사이에는 늘 누군가가 조용히, 그러나 세심하게 옆에서 걸어가 줘야 합니다. 그 사람이 바로 갤러리스트입니다.

역할별 정리: 누가 판매를 담당하나요?

디렉터 (대표 또는 기획자)

- 작가와 고객 모두에게 신뢰감 있는 판매자
- 고가의 작품, 혹은 컬렉터 대상 상담
- 가격 조정, 계약 조건 협의 등의 최종 의사결정

갤러리 매니저 or 스태프

- 현장 응대, 작품 소개, 가격 문의 응답
- 고객의 반응 기록, 작가 요청사항 전달
- 전시 중 판매 건 접수 및 정산 진행

아트페어나 백화점 전시의 경우

- 현장 판매 전담 인력을 별도 고용하기도 함.
- 쇼룸 운영 경험 있는 분을 선호

작품 판매는 언제 어떻게 시작되나요?

전시 시작 전
- VIP 프리뷰, 컬렉터 선공개, 리플릿 배포
- 작가와 갤러리 간 가격 세팅 완료 후 리스트 공유

전시 중
- 방문객 중 관심 표현 시 응대
- 명확한 가격표나 QR코드로 안내하는 경우도 있음
- 현장 상담, 전화/카톡/DM 등으로 문의 접수

전시 이후
- SNS 보고 연락하는 구매자, 소개에 의해 연결된 고객 등
- 도록, 포트폴리오를 통한 추가 구매 연결

작품은 전시 중에도 팔리지만, 전시가 끝난 뒤에도 종종 판매됩니다. 그만큼 기록과 후속 대응이 중요한 영역이라고 할 수 있습니다.

어떻게 응대해야 할까요?

- 고객: "이 작품 가격을 알 수 있을까요?"

→ "네, 작가님이 이번 전시에서 보여주신 작품 중에서도 이 작품은 특히 중심작이에요. 캔버스에 아크릴로 작업된 80호 크기이고요, 가격은 00만 원입니다"

- 고객: "사이즈가 좀 커서 집에 걸기 어려울까 봐요"
→ "벽면 사이즈만 알려주시면 설치 이미지 시뮬레이션도 도와드릴 수 있어요. 또 작가님이 중간 사이즈의 유사한 시리즈를 소장가용으로 별도 제작해 두셨어요"

- 고객: "작가님은 요즘 어떤 활동 하시나요?"
→ "최근에는 국립○○미술관 단체전에 참여하셨고, 다음 전시가 ○○갤러리에서 예정돼 있어요. 원하시면 작가님의 아카이빙도 함께 보내드릴 수 있어요"

갤러리스트는 이때 작품을 '소개'하는 게 아니라, 작가와 관객 사이에 말 없는 다리를 놓아주는 느낌으로 말하는 게 좋습니다.

가격은 어떻게 책정되고, 어떻게 설명하나요?

가격 책정 기준

- 작가 경력(학력, 전시 이력, 수상, 레지던시 등)

- 작품 사이즈와 재료
- 시장 내 유사 작가들의 판매가
- 해당 시리즈의 의미 (대표작, 신작 여부)
- 판매 이력과 작품 희소성

고객이 궁금해하는 건 "이 작품은 왜 이 가격인가요?"입니다. 그 질문에 솔직하고 차분하게 답할 수 있어야지만 신뢰가 생기며 곧 구매로 이어집니다.

판매 후에는 어떤 절차가 필요할까요?

① 작품 보증서 발급
- 작가, 갤러리 공식 도장 포함
- 제목, 연도, 사이즈, 재료, 에디션 기입

② 결제 (카드, 현금, 계좌이체)
- 고가 작품은 분할 결제, 계약서 작성 등도 가능

③ 작품 설치 일정 안내
- 설치 기사 연결 또는 갤러리 직접 방문 설치

④ 작가에게 판매 알림 + 정산 안내
- 정산율 (보통 60:40 or 50:50) 적용 후 지급

갤러리스트에게 가장 필요한 자세는 '조용한 설득력'이에요

갤러리스트는 그 작품이 걸릴 공간과 작품과 마주할 사람, 그리고 그 사람이 느낄 감정을 상상하고 먼저 공감할 수 있어야 합니다. 그 후에야 누군가에게 그 작품을 진심으로 권할 수 있습니다. 따라서 '작품 하나가 팔렸습니다'라는 말은 단지 수익이 아니라, 한 명의 관람객이 한 작가의 세계에 들어섰다는 중요한 의미라고 할 수 있습니다.

가격의 비밀: 숫자 뒤의 전략
- 숫자에 담긴 작가의 시간과 의미

갤러리에서 일하다 보면 가끔 "이 작품은 왜 이렇게 비싸요?"라는 말을 듣게 됩니다.

이 질문은 단순히 금액에 대한 궁금증이 아닙니다. 그 가격이 어떻게 만들어졌는지, 믿을 수 있는 기준이 있는지, 혹은 정말 이 가격을 지불할 만큼의 가치가 있는 작품인지 알고 싶다는 것을 의미합니다.

작품 가격은 어떻게 결정되나요?

작품의 가격은 작가 혼자 정하는 것도 아니며 갤러리가 일방적으로 정하는 것도 아닙니다. 보통은 작가가 작품가를 정하며, 전속 갤러리가 있는 작가의 경우에는 갤러리와 협의하여 작품가가 결정됩니다.

가격을 결정하는 주요 기준

- 작가의 경력과 인지도(학력, 전시 이력, 수상, 컬렉션 유무 등)
- 작품의 사이즈와 재료(80호 대작과 20호 소품은 당연히 가격 차이가 큼)
- 제작 난이도와 공수(시간, 기술, 특수재료 등, 수작업 도자기, 채색한 사진, 실리콘 작업 등은 공정에 따라 가격 반영)
- 시장 내 유사 작가들의 가격(비슷한 세대, 장르, 스타일, 스펙을 가진 작가군의 시세 참고)
- 해당 시리즈의 의미(작가 대표작, 신작, 실험작, 상징성 있는 작품 등)

예술은 숫자로 정의되지 않지만, 가격은 반드시 설명이 가능해야 합니다.

사이즈 별 기본 단가 산정법

초보 갤러리스트나 신진작가들과 함께 일할 때는 '호당 단가' 방식으로 가격을 계산하는 경우가 많습니다.

1. '호'란?

작품의 크기를 의미하는 단위예요.

예시

- 1호 = 약 22.7×15.8cm
- 10호 = 약 53.0×45.5cm
- 50호 = 약 116.7×91.0cm
- 100호 = 약 162.2×130.3cm

호당 단가 예시: 초기 작가 기준

- 호당 10만 원 → 10호 = 10만 원×10호 = 100만 원(작품가)
- 호당 20만 원 → 50호 = 20만 원×50호 = 1,000만 원(작품가)
- 호당 50만 원 이상 → 주로 중견 작가 이상은 호당 50만 원을 넘는 경우가 많습니다.

주의할 점

작가의 성장과 함께 단가는 조금씩 올라가야지 한 번에 급상승하거나 갑자기 변동되면 시장에서 신뢰를 잃게 됩니다.

캔버스 사이즈 표(호수별 정리)

호수(호)	F형(인물/풍경)	P형 (풍경)	M형(마린/수평형)	S형(정방형)
0호	18×14cm	18×12cm	18×10cm	15×15cm
1호	22×16cm	22×14cm	22×12cm	18×18cm
2호	24×19cm	24×16cm	24×14cm	20×20cm
3호	27×22cm	27×19cm	27×16cm	22×22cm
4호	33×24cm	33×21cm	33×19cm	24×24cm
5호	35×27cm	35×24cm	35×22cm	27×27cm
6호	41×31.8cm	41×27.3cm	41×24.2cm	32×32cm
8호	45.5×38cm	45.5×33.3cm	45.5×27.3cm	38×38cm
10호	53×45.5cm	53×40.9cm	53×33.3cm	45.5×45.5cm
12호	60.6×50cm	60.6×45.5cm	60.6×41cm	50×50cm
15호	65.1×53cm	65.1×50cm	65.1×45.5cm	53×53cm
20호	72.7×60.6cm	72.7×53cm	72.7×50cm	60.6×60.6cm
30호	91×72.7cm	91×65.1cm	91×60.6cm	72.7×72.7cm
40호	100×80.3cm	100×72.7cm	100×60.6cm	80.3×80.3cm
50호	116.8×91cm	116.8×80.3cm	100×65.1cm	91×91cm
60호	130.3×97cm	130.3×89.4cm	116.8×72.7cm	97×97cm
80호	145.5×112cm	145.5×97cm	145.5×89.4cm	112×112cm
100호	162.2×130.3cm	162.2×112.1cm	162.2×97cm	130.3×130.3cm
120호	193.9×130.3cm	193.9×112.1cm	193.9×97cm	130.3×130.3cm
130호	193.9×162.2cm	193.9×145.5cm	193.9×112.1cm	162.2×162.2cm
150호	227.3×181.8cm	227.3×162.2cm	227.3×145.5cm	181.8×181.8cm

KS 규격(한국산업규격) 및 JIS 규격(일본산업규격) 기준

장르에 따라 달라지는 가격 구조

장르	가격 기준의 특징
회화	가장 보편적인 호당 계산 방식, 질감, 재료에 따라 달라짐.
판화	에디션 수가 많을수록 개당 가격은 낮아짐, 전체 수익은 많을 수 있음.
사진	프린트 사이즈, 종이 재질, 에디션 수가 핵심, 유통 방식도 다름.
설치/조각	운송, 보관, 설치 비용 포함 고려, 고정 가격보다 협의 중심
디지털 아트	화면 장착 여부, NFT 포함 여부 등 고려요소 증가

수익 배분은 어떻게 이루어지나요?

작품이 팔렸다고 해서 그 금액이 전부 작가에게 가는 건 아닙니다. 갤러리는 공간 운영, 홍보, 기획, 판매 등 유통 역할을 하기 때문에, 일정 비율을 수수료로 가져갑니다.

일반적인 분배 구조

- 50:50(%) → 가장 일반적, 특히 전속 작가가 아닐 경우
- 60:40(작가:갤러리) → 초대전, 갤러리 측 기획비용이 적게 든 경우
- 40:60(작가:갤러리) → 갤러리가 제작비, 운송비, 도록비를 대부분 부담한 경우

작가와의 신뢰를 위해서는 판매 전 계약서나 동의서를 꼭 작성하는 것이 중요합니다.

할인은 어떻게 처리하나요?
- 고객 대응 시

작품 가격에 대해 고객이 할인 요청을 할 경우, 반드시 작가와 사전 조율 한 할인 허용 범위 내에서 대응해야 합니다.

- 보통 5~10% 내외 조정 가능
- 고가의 경우엔 분할 결제 or 설치 서비스로 만족도 보완
- 작가의 동의 없는 할인은 금지 (작가 신뢰 무너짐)

작품은 상품이 아니기 때문에, 할인을 요구받을 때는 가격이 아닌 '가치'를 설명하는 것이 훨씬 더 효과적입니다.

예시
"이 작품은 이번 시리즈 중 가장 상징적인 작업이고, 작가님이 특히 아끼는 대표작이라 정가로 안내해 드리고 있습니다"

가격은 단지 숫자가 아니라 '신뢰의 언어'예요

작품 가격을 이야기한다는 건 그 작가가 지금까지 쌓아온 시간, 그 작품이 만들어지는 과정, 갤러리가 그 작품을 어떻게 소개하려는지 까지 모두를 포함합니다. 즉, '서사 있는 숫자'를 전달하는 매우 중요한 일입니다.

그래서 갤러리스트는 가격을 제시할 때마다 늘 스스로에게 물어야 합니다.

"나는 이 가격에 대해, 말할 준비가 되어 있나?"

가격은 작품의 가치를 '증명'하는 것이 아니라, '전달'하는 방식입니다.

작품은 보통 한 점만 팔리지만, 그 한 점이 전달하는 것은 작가의 세계 전체입니다. 따라서 가격이란 사실상 작가의 세계에 들어갈 수 있도록 문을 열어주는 말이라고 할 수 있습니다. 그래서 우리는 숫자를 말할 때도, 그 안에 감정과 믿음을 담을 줄 알아야 합니다. 그럴 때 작품은 단지 팔리는 게 아니라, 누군가의 삶 속에 자리 잡는 것이라고 할 수 있습니다.

고객 응대 기술과 진심
- 예술을 전하는 말의 온도

갤러리에서 작품을 판매하는 것은 단순히 '물건을 파는 행위'와는 다릅니다. 그것은 작가의 내밀한 시간을 한 사람의 일상 속으로 조용히 데려다 놓는 일이며, 그 일을 잘하기 위해서 갤러리스트는 응대력과 관계의 감각이 필요합니다.

갤러리에서 고객을 만나는 세 가지 순간

전시장 방문 중
- "안녕하세요, 오늘 전시 관람하러 오셨어요?"
- "혹시 작가님 작업 처음 보시는 걸까요?"
- "감상하시다가 궁금한 점 있으시면 언제든 편하게 말씀 주세요."

→ 이때 고객에게 말을 걸기보다 '공기를 열어주는 말'이 좋습니다. 관객이 부담 없이 질문할 수 있도록 부드럽고 조용한 안내자의 역할을 하는 것이 중요합니다.

작품에 유심히 머무르는 고객
- "이 작품은 이번 시리즈 중에서도 가장 중심적인 작업이에요"
- "작가님이 이 작업을 할 때 유독 오랜 시간 머물렀다고 하셨어요"
- "보통 많은 분들이 이 작품 앞에 가장 오래 서 계시더라고요"
- → 고객이 먼저 말을 꺼내지 않아도, 그 사람이 '어떤 감정 안에 있는지'를 읽고 건네는 말이 중요합니다.

가격 문의 또는 관심 표현 이후
- "이 작품은 10호 크기이고, 캔버스에 유화 작업입니다. 작가님 대표 시리즈로, 가격은 00만 원입니다"
- "공간에 걸어보셨을 때의 느낌을 시뮬레이션으로 보여드릴 수도 있어요"
- "다른 크기나 유사 시리즈도 함께 안내해 드릴까요?"
- → 정보를 제공하면서도 '선택은 고객의 몫'으로 남겨두는 말투가 좋습니다. 또, 부담을 주지 않는 응대가 관계의 시작이 됩니다.

고객의 유형에 따른 대응 전략

예술 초보자형

- "작품을 보는 게 아직 어렵게 느껴지셔도 괜찮아요. 작가님도 '정답 없는 감정'을 원하셨거든요"
→ 항상 친절하고 감성적인 설명이 필요하며 어려운 미술 용어는 되도록 사용하지 않는 것이 좋습니다.

중급 애호가형(전시 자주 보는 고객)

- "작년 ○○미술관 전시에 관심 많으셨다면, 이번 작가님의 흐름도 흥미롭게 보실 수 있을 거예요"
→ 작가의 맥락이나 연속성, 이전 전시와의 연결을 이야기해 주세요.

기존 컬렉터형

- "이전에 소장하셨던 ○○ 작가와는 결이 좀 다르지만, 이번 작가님도 내면의 움직임을 표현하는 방식이 깊어요"
→ 고객의 취향과 소장 이력에 맞는 작품을 추천할 수 있어야 합니다.
- "이번 작품은 한정 수량으로, 프리뷰 단계부터 문의가 있었던 작업이에요"
→ 컬렉터는 '정보'와 '선점'에 민감하므로 신뢰 기반의 소장가치

중심 응대가 효과적입니다.

절대 피해야 할 말들

- "이건 완전 대박 났어요!"
- "요즘 핫한 작가예요, 무조건 올라요"
- "작가님이 이런 거 처음 해보신 거래요!"

→ 지나치게 상업적 어조는 신뢰를 잃게 만들 수 있습니다.

작품은 투자 상품이 아니라, 먼저 감정의 공명으로 시작되는 존재임을 기억하세요.

고객이 작품을 구매한 이후의 태도

- "구매해 주셔서 감사합니다"보다 "작가님도 이 작품을 소중히 여겼는데, 좋은 분께 가게 되어 정말 기뻐하실 거예요" 등의 감정이 있는 언어로 소장을 축복해 주세요.
- 작품 보증서와 포장 상태 꼼꼼히 확인
- 작가 노트, 포스터, 도록 등 추가 선물 제공 시 고객 만족도 상승
- SNS 태그 & 감사 메시지 발송 등을 발송하면서 고객에게 예

술품 구매 경험 자체를 '기억에 남는 일'로 만들어 주는 배려가 중요합니다.

고객관리 노트, 꼭 만드세요

작품을 판매하는 순간보다, 사실은 관계를 계속 이어가는 것이 훨씬 더 중요합니다.

고객관리 노트에 포함하면 좋은 정보
- 방문일, 전시명
- 관심 있었던 작가, 작품
- 대화 중 나온 키워드 (ex. '서재에 어울릴 그림')
- 연락 방식 선호 (카톡, 전화, 이메일 등)
- 다음 전시에 초대하면 좋을지 여부

→ 이런 기록이 쌓이면, '갤러리와 고객의 신뢰'라는 자산이 됩니다.

응대는 기술이 아니라 '관계의 감각'입니다. 작품은 조용하지만, 그 앞에 선 사람의 마음은 언제나 말하고 있습니다. 갤러리스트는 그 마음을 읽고, 너무 크지 않게, 그러나 분명하게 말을 건네야 합니다.

"이 작품은 고객님과 인연이 되려고 여기에 있는 거 같아요"

그렇게 말을 거는 사람이 있다면, 작품은 결국 팔리는 게 아니라 '머무르게 되는' 것입니다.

VIP 응대와 네트워크 만들기
- 사람과의 관계가 전시보다 오래갑니다

갤러리를 찾는 고객 중에는 조용히 들어와 작품을 살펴보다가 명함 한 장 없이 돌아가는 분이 있습니다. 그런데 한 달 후, 다시 찾아오셔서 작품을 구입하고, 그 뒤로 전시 때마다 인사를 건네고, 어느 순간엔 "이번엔 작가 스튜디오도 함께 가보고 싶다"는 말씀을 하시기도 합니다. 이렇게 관계가 쌓이는 분들을 우리는 VIP 컬렉터, 또는 갤러리 후원자라 부릅니다.

전시공간에서 VIP와 대화하는 사진

VIP란 어떤 사람인가요?

VIP는 단순히 '비싼 작품을 구매하는 고객'이 아닙니다.
갤러리의 정체성과 작가의 여정을 함께 믿고 지켜봐 주는 사람들입니다.

VIP의 다양한 유형

- 장기적으로 작품을 수집하는 컬렉터형
- 갤러리의 전시 기획에 관심 있는 후원자형
- 사회적 영향력을 가진 오피니언 리더형
- 예술과 비즈니스를 잇고 싶은 협업형 인플루언서형

VIP 응대의 기본은 '기억과 배려'입니다

기억해야 할 정보

- 자주 선호하는 작가, 스타일, 색감
- 가족관계 및 직업(예: 아이가 예술전공, 디자인 업계 종사 등)
- 방문일, 과거 구매 이력
- 연락 선호 방식(카카오톡, 이메일, 전화 등)

→ 이런 정보들은 직접적인 대화를 만들기보다, 자연스럽게 배려 있는 응대를 가능하게 합니다.

VIP가 방문했을 때 응대 예시

- "이번 전시는 지난번 ○○ 작가 전시 때 말씀하신 분위기와 조금 닿아 있을 거예요"
- "이 작업은 지난 아트페어 때 바로 솔드되었던 시리즈의 연장선이에요"
- "이번 도록에는 작가님의 드로잉도 처음으로 실렸어요. 한 부 챙겨드릴게요"

→ 이러한 '정보 제공 + 맞춤 언어 + 감사 표현'은 '이 사람은 나를 기억하고 있구나'라는 신뢰를 쌓는 말이 중요합니다.

VIP와의 관계를 이어가는 방법

전시 프리뷰 초

- 오픈 전 조용한 시간대에 1:1 응대
- 작가와의 티타임, 개인 동선 안내 포함
- 'VIP Only' 초대장 제작 (디지털 카드도 OK)

개인화된 후속 소통

- 전시 종료 후 "그날 말씀하셨던 작품, 아직도 남아 있습니다"
- 시즌별 작가 뉴스레터 전달
- '작가 인터뷰 영상' 또는 '스튜디오 방문기' 링크 공유

공간 외 소통 채널 운영

- 전용 카카오 채널 or DM 계정
- 비공개 커뮤니티 (단톡방 or 이메일 그룹) 운영
- VIP 디너/클래스/작가와의 동행 프로그램 운영

관계를 '비즈니스'로 느끼지 않게 만드는 기술

VIP는 많은 브랜드, 공간, 사람이 자신에게 말을 건다는 걸 알고 있습니다. 그래서 갤러리는 오히려 조용하고 느린 방식으로 다가가

는 것이 더 효과적입니다.

"이번 전시에서 꼭 보여드리고 싶었던 작품이 있었어요"
"작가님이 고객님의 지난 감상평이 인상 깊다고 하셨어요"
"최근 작업 중 하나가 고객님이 소장하신 작품과 연결되는 작업이더라고요"

이런 말 한마디는, 거래를 넘어 '예술 대화의 동행자'로 자리매김하는 힘이 있습니다.

VIP와의 관계를 확장하는 전략

VIP → VIP 소개

- "○○님이 최근 이 작가 작업에 관심을 가지셨는데, 혹시 주변에 추천하고 싶은 분 계시면 살짝 연결해 주셔도 좋아요"
- → 고급 네트워크는 고급스럽게 퍼져나갑니다. 공식적이기보다 감각적으로 연결되는 말투를 연습하세요.

VIP → 갤러리 후원자 네트워크

- 연말 작가 감사 만찬, 후원자 라운지 파티, 리미티드 굿즈 제공
- 후원 멤버십 구성 (예: '작가 스튜디오 연 1회 동행', '프라이빗 세일 초대')

→ 갤러리를 단순히 '전시 보는 곳'이 아니라 '예술을 경험하는 클럽'처럼 느끼게 하면, VIP는 곧 갤러리의 든든한 파트너가 됩니다.

VIP에게는 '작품'이 아니라 '관계'를 소개하세요.
VIP 응대는 사실상 예술을 판매하는 게 아니라, 예술의 언어로 사람을 대하는 훈련입니다.
이 사람의 눈, 말, 기분, 걸음까지 관찰하면서 작품을 대신 소개하고, 작가를 대신 안내하고, 갤러리를 대신 기억에 남게 만드는 사람, 그게 바로 갤러리스트입니다.

판매 이후가 더 중요하다: 계약, 보증, 운송

- 판매 이후가 더 중요하다

작품이 판매되었다는 소식을 작가에게 전하고 구매자에게 감사 인사를 전한 그 순간, 많은 분들이 이렇게 생각합니다.

"와, 이제 끝났다!"

하지만 갤러리 실무자 입장에서는 그때부터가 진짜 시작입니다. 작품이 무사히 도착하고, 고객의 공간에 자연스럽게 걸리고, 작가도, 갤러리도, 구매자도 만족스럽게 이 여정을 마무리해야 그 판매가 마무리되었다고 할 수 있습니다.

전문 운송회사에서 고객에게 작품 운송

작품 운송: "안전하게, 조심스럽게, 믿고 맡기도록"

작품 운송은 단순한 택배가 아닙니다. 작가의 시간과 감정, 고객의 기대가 담긴 소중한 물리적 이동입니다.

운송 준비 체크리스트

- 작품 포장 여부 (갤러리 자체 or 작가 직접 포장 여부 확인)
- 작품 사이즈 및 재질 파악 → 파손 위험도 고려
- 고객 주소, 설치 위치 (층수, 엘리베이터 유무 등) 파악
- 운송사 선정: 미술 전문 운송사 또는 전시 경험이 많은 업체
- 고객에게 운송 예정일 사전 공지 (날짜, 시간, 기사 연락처)

운송일 당일

- 기사 도착 전 작품 상태 최종 확인
- 작품은 수평 유지, 날씨 대비 방수, 충격 완화 장비 사용
- 고객 응대: "오늘 기사님 몇 시에 도착 예정입니다. 직접 응대 어려우시면 알려주세요"

팁(Tip)

고가 작품은 가급적 실무자가 직접 동행하거나, 도착 후 사진 요청 등으로 설치 완료 여부를 확인하는 것이 좋습니다.

계약 및 정산: "공정하고 투명하게, 작가와 갤러리 모두가 만족스럽게"

판매 계약의 형태

- 전시 전 작가와 체결한 위탁계약서
- 작품 판매 시점에 작성하는 개별 판매 계약서

계약서에 포함될 내용

항목	내용
작품 정보	제목, 사이즈, 재료, 연도, 에디션 등
판매 금액	총액 + VAT 포함 여부
수익 배분	일반적으로 작가 50~60%, 갤러리 40~50%
정산 시점	통상적으로 작품 납품 후 2~4주 이내
운송/설치 비용	부담 주체 명시(갤러리 or 구매자 or 작가)
보증서 발행	포함 여부와 발행 주체(갤러리 또는 작가)

작가 정산 시 체크사항

- 입금 전 판매 수수료 제외 금액 확인
- 정산 송금일 및 금액 작가에 사전 안내
- 세금계산서 또는 원천징수 서류 발행 여부 체크

보증 업무: "작품의 가치를 증명하는 가장 중요한 문서"

작품을 구입한 고객에게 작품과 함께 반드시 보증서가 가야 합니다.

작품 보증서(Certificate of Authenticity, COA) 구성 요소

- 작가명(한글/영문 병기)
- 작품명
- 제작 연도
- 재료
- 사이즈
- 에디션 정보(해당 시)
- 이미지(작품 사진 삽입)
- 서명: 작가 또는 갤러리 대표(양쪽 모두도 가능)
- 발행일, 갤러리명, 도장

팁(Tip)

- 고급 종이 사용
- 시리얼 넘버, QR코드, 인증 스탬프 등 위조 방지 장치 활용 가능

갤러리 이름과 사인 날짜
삽입

작품 보증서 이미지

판매 후 고객 응대 멘트 예시

- "고객님, 작품 오늘 무사히 도착했다고 기사님께 확인받았습니다. 혹시 설치나 보관 중 불편함 있으시면 언제든 연락 주세요"
- "작가님도 구매해 주신 사실을 알고 정말 기뻐하셨어요. 감사의 마음 담아 작가의 아트카드 한 장 함께 동봉했습니다"
- "보증서는 함께 동봉해 드렸고, 혹시 액자나 추가 보관 방법이 필요하시면 자료 보내드릴게요"

이와 같은 세심한 말 한마디와 책임감이 고객과의 다음 전시를 기약하는 일이라고 할 수 있습니다. 그 확신을 끝까지 지켜주는 사람이 바로 갤러리스트이며, 그 일이 바로 갤러리스트의 책임감입니다.

아트페어에서 살아남기
- 3일간의 전시, 그 안에서 모든 게 시작될 수도 있어요

왜 아트페어에 나가야 할까?

아트페어는 단순한 판매의 자리가 아니라, 작가를 세상에 알리고 컬렉터와 만나고, 다음 전시를 기획하는 기회를 만드는 곳입니다. 전시 기간은 주로 3~5일로 짧지만, 그 기간 동안 모든 가능성과 변수, 성과와 배움이 빠르게 펼쳐집니다.

아트페어에 담긴 목적
- 작가 알리기: 전시장을 방문하지 않는 고객들과 만날 기회
- 판매 기회 확보: 신진작가의 첫 수익 구조 확보
- 갤러리 브랜딩: 페어의 퀄리티에 따라 갤러리의 위상도 함께 상승
- 업계 네트워킹: 컬렉터, 언론, 평론가, 큐레이터 등과의 직접

접점

출품 작가와 작품 선정 전략

작가 선정 기준

- 갤러리의 대표작가 또는 신진작가 중 성장 가능성 있는 인물
- 작품 가격대가 현장 판매에 적합한가?(너무 고가 또는 너무 저가 피하기)
- 운송과 설치가 용이한 작품인가?(크기, 재질, 부피 등)

작품 선정 포인트

- 첫눈에 관람객의 시선을 끄는 1초 집중형 작품
- 시리즈로 연결될 수 있는 라인업 구조
- 비교적 '설명 없이도 감이 오는' 작품

"페어는 작은 미술관이 아니라, 예술마켓의 현실적인 현장입니다"

부스 구성과 비주얼 전략

부스 연출 체크리스트
- 부스 벽면 색상과 동선 설계 → 화이트, 라이트 그레이 등 중성 톤 추천
- 중심 작품은 정면이나 코너 배치
- 작품 수는 너무 과하지 않게
- 작품 캡션 + 가격표 또는 QR코드 부착
- 포스터, 도록, 작가 노트, 리플릿 비치

비주얼 전략 팁(Tip)
- 1~2점은 '사진이 잘 나오는 작품'으로 구성 (SNS 확산 유도)
- 작가 사진 or 작업실 이미지도 함께 비치하면 스토리 전달에 효과적
- 작은 굿즈(엽서, 아트카드) 증정 시 관람객 호감도 상승

현장 응대와 판매 전략

현장 운영 시 역할 분담

역할	업무
디렉터	VIP 응대, 가격 협의, 작가 소개
스태프	일반 관객 응대, 도록 및 리플렛 제공
포토 담당	현장 스케치, SNS 실시간 운영

고객 응대 흐름

① 관람객의 시선이 머물면 → "이 작품에 시선이 오래 가시나 봐요. 작가님의 가장 최근 작업이에요."

② 작가에 대해 물어보면 → "○○작가는 ○○출신으로, 감정의 밀도 있는 작업을 이어가고 있어요."

③ 가격 문의 시 → "이 작품은 10호 크기에 아크릴 작업이고, 가격은 00만 원입니다. 같은 시리즈 중 소품도 함께 구성되어 있어요."

응대는 '팔기 위한 설명'이 아니라 작품이 말하지 못하는 것을 조용히 보완하는 대화입니다.

현장 판매 후 처리 프로세스

- 구매자 정보 수기 or 디지털 접수
- 보증서 발행 여부 확인
- 운송 및 결제 방식 안내
- 판매된 작품 스티커 부착 or 즉시 철수 준비
- 작가에게 즉시 판매 소식 공유

▶ 판매 후 응대 예시

"작가님도 이 작품을 정말 아끼셨는데, 고객님께 소장되어 저희도 기쁘게 생각합니다. 보증서와 작품은 일정 맞춰 안전하게 보내드릴게요"

아트페어 마무리 후 체크사항

- 판매 리스트 정리(고객명, 연락처, 결제방식, 운송 일정 등)
- SNS 후기 포스팅(감사 인사 + 판매 소식 포함)
- 작가와 정산 일정 협의
- 갤러리 내 회고 미팅: 잘된 점, 개선할 점, 다음 페어 전략 공유

아트페어는 '작품과 빠르게 사랑에 빠지는 장소'이며, 미술시장의

농축된 현장입니다.

  아트페어에서는 한 작품이 5분 만에 팔리기도 하고, 그 작품 앞에서 1년 뒤 연락이 오기도 합니다. 그래서 우리는 그 짧은 순간 안에서 작품이 자기 이야기를 잘할 수 있게 돕는 조력자가 되어야 합니다. 갤러리스트는 작품이 사람의 눈에 들고, 마음에 남고, 집에 머무르게 하는 과정을 책임지는 사람입니다.

PART 6

갤러리스트의
실전 스킬

보이지 않지만 반드시 필요한 실무의 세계

SNS는 갤러리의 또 다른 전시장

- 한 장의 피드가 누군가의 첫 전시가 된다

갤러리 인스타그램 피드

요즘 관객은 전시장을 먼저 찾지 않습니다. 갤러리의 피드, 스토리, 리그램 게시물, 작가의 인터뷰 영상을 보고 '가볼까?' 하고 마음을 먹습니다. 따라서 SNS는 단순한 홍보 수단이 아니라, 갤러리의 첫인상이자 갤러리의 가치라고 보시면 됩니다.

SNS 운영의 목적은 단순한 홍보가 아니에요

갤러리 SNS의 네 가지 목표
① 전시 소개
② 작가의 세계관 전달
③ 갤러리의 철학 표현
④ 관람객과의 신뢰 형성

SNS는 '전시장 밖에 있는 또 하나의 전시공간'입니다.

콘텐츠 유형별 기획 포인트

전시 안내 포스트
- 포스터 + 전시 타이틀 + 기간 명확하게
- 전시장 사진과 함께 '이번 전시는 이런 감정이에요' 식의 한 줄 카피
- 예약 링크, 위치 정보, 작가 태그 필수

▶ 예시

"이 계절에, 이 그림을 함께 보고 싶었습니다"

작가 인터뷰, 작업 영상

- 작업실 풍경, 작가 손, 재료, 디테일, 말 한마디 → 이런 것들이 '작품에 대한 신뢰'를 만듦.
- 텍스트 카드로 핵심 멘트 발췌
- 릴스(30초~1분)나 쇼츠 등의 영상 추천

▶ 예시

"내 그림은 색을 입히는 게 아니라, 한 번 벗겨내는 것입니다" – 작가 인터뷰 중

관람 후기, 전시장 스냅

- 관람객 피드백을 스토리나 게시물로 공유
- 사람 없는 조용한 전시장 사진도 인기 있음.
- '이 공간에 내가 있었다'는 감각을 제공하기

▶ 해시태그 예시

#오늘의전시 #서울갤러리 #현대미술 #감성공간 #전시추천

아트 칼럼/큐레이터의 시선

- 전시 뒷이야기, 작가 추천글, 예술 관련 짧은 칼럼
- 텍스트 카드로 요약 + 블로그, 뉴스레터로 연동 → 갤러리의 '지적 신뢰감' 확보

▶ 예시

"추운 날에는 이런 그림이 필요하다. 빛은 차가운 색을 더 깊이 데운다"

굿즈 판매 및 작품 소개

- 아트상품, 소형 작업, 엽서 등 판매 목적 콘텐츠

→ 가격은 캡션에 직접 쓰지 말고 링크로 유도

→ 작품 정보 + 작가 한 줄 설명 조합

▶ 예시

"가장 조용한 순간을 닮은 드로잉, 작지만 의미 있는 한 작품을 소장해 보세요"

운영 전략

- '큐레이션'처럼 피드를 구성하세요.

- 하나의 톤 유지: 색감, 폰트, 말투 일관성
- 3~6개 게시물마다 전시장 사진 섞기: 공간감 형성
- 작가 소개와 작품 상세 콘텐츠 비율 1:2 유지

운영주기 팁(Tip)

콘텐츠	추천 주기
전시 홍보	주 1~2회
작가 인터뷰	전시 중 1회 이상
관람 후기 공유	주 2~3회
짧은 큐레이터 노트	주 1회
이벤트, 굿즈 안내	전시 시작~중반 시점

해시태그와 팔로워와의 대화

▶ **유용한 해시태그 예시**

#오늘의전시 #갤러리추천 #작가명 #ContemporaryArt #미술로위로받기 #GalleryLife #ArtLover

팔로워 응대 팁(Tip)

- 댓글이 달리면 "방문 감사합니다, 그날의 감상이 오래 남으시길 바랍니다"
- 스토리에 태그되면 "리그램 감사해요! 다음 전시도 기대해 주세요" → 일관된 태도와 빠른 반응은 신뢰를 쌓습니다.

피드 꾸미기 vs 콘텐츠의 본질

아무리 예쁜 피드라도 '정보만 있고 감정이 없다면' 오래 기억되지 않습니다.

- 전시의 감정을 말로 표현해 보세요.
- 작가의 말, 관객의 말, 갤러리의 말이 자연스럽게 뒤섞인 피드를 만드세요.
- 갤러리 SNS의 정체성은 '잘 정리된 전시장 한편의 노트' 같은 느낌이면 좋아요.

SNS 운영은 '디지털 전시장 큐레이팅'을 하는 것입니다.

작품은 실물로 보아야 완전하다는 말, 맞습니다. 하지만 SNS는 그 작품을 누군가의 일상속으로 들어가게 만드는 첫 관문이라고 할 수 있습니다. 즉, SNS는 단순한 도구가 아니라, 갤러리와 예술의 첫인상을 설계하는 공간입니다. 말 대신 피드로, 설명 대신 이미지로 갤러리에 대한 신뢰를 주세요.

카드뉴스, 보도자료, 영상까지:
홍보 콘텐츠 만들기
- 전시 알리기 A to Z

전시의 문은 갤러리에 있지만, 관객은 그보다 먼저 콘텐츠를 만납니다.

아무리 좋은 전시라도 아무도 모르면 '존재하지 않는 전시'가 되기도 합니다.

홍보는 거창한 마케팅이 아닙니다. 작가의 감정, 작품의 세계 그리고 전시의 의미를 사람들이 만날 수 있도록 문을 여는 일입니다.

전시 홍보에 꼭 필요한 콘텐츠는 무엇일까요?

보도자료: 언론과 관객 모두를 위한 '정돈된 설명문'

보도자료 기본 구조

① 헤드라인 → 주제와 감정을 압축한 한 줄
- 예: "침묵 속에서 피어나는 색, ○○ 작가 개인전 개최"

② 서브헤드(선택) → 부제 역할, 작가 이력이나 전시 장소 강조
- 예: "○○ 갤러리에서 6월 5일부터 7월 7일까지 열려"

③ 본문(3단락 기준)
- 1단락: 전시 개요(작가, 일정, 장소, 특징)
- 2단락: 작가의 작업 세계, 전시 콘셉트
- 3단락: 관람 포인트, 큐레이터 코멘트 등

④ 작가 약력(학교, 주요 전시, 수상, 레지던시 등)

⑤ 전시 정보 → 전시 제목, 장소, 주소, 일정, 관람 시간, 문의처, SNS 등

팁(Tip)
- 기자가 기사로 바로 써도 될 정도로 간결하고 명확하게
- 전문 용어보다는 쉽고 이미지가 떠오르는 문장
- 작가의 말 한 줄, 큐레이터 코멘트가 있으면 기사화 될 가능성이 높아짐.

카드뉴스: 관객의 손가락에서 전시가 시작되게 하세요

기본 구조(5~10장)

① 첫 장: 전시 제목, 작가 이름, 인상적인 이미지 + 한 줄 소개

② 2~3장: 작가 소개, 전시 주제, 키워드

③ 4~6장: 대표 작품 설명, 디테일 컷 or 작업 과정 이미지

④ 7~8장: 전시공간 미리보기, 감상 팁

⑤ 마지막 장: 전시 일정, 장소, 문의, SNS 계정 or QR

디자인 팁(Tip)

- 정사각형 or 세로형(1080×1350px) 권장
- 서체는 갤러리 아이덴티티와 통일(고딕 or 명조)
- 색상은 전시 분위기에 맞추되, 정보는 명확하게 강조
- 이미지 위 텍스트는 짧게, 크게, 감성적으로 만들 것.

▶ 문구 예시

"이번 전시는 기억이 아니라, 감각으로 남는 전시입니다"

"작가 ○○, 침묵 속에서 말을 건네는 색을 그리다"

"조용한 오후, 당신을 기다리는 전시장이 있습니다"

영상 콘텐츠: 짧게 보여주고 오래 머물게 만드는 감각

콘텐츠 종류

유형	내용	길이
릴스, 쇼츠	전시장 풍경, 설치 장면, 작가 한마디	15~60초
IGTV	작가 인터뷰, 전시 투어	10~30분
유튜브	전시 메이킹, 작품 해설 영상	3~10분

기획 팁(Tip)

- 영상 시작 3초 안에 시선을 끌 것
- BGM 선택: 전시 감성과 어울리는 분위기
- 자막 필수: 무음 시청자 고려, 감정형 자막 활용

▶ **자막 예시**

"색이 말을 걸어요. 조용히, 아주 천천히"

"이 공간은 그림보다 침묵이 더 오래 머무는 곳입니다"

"작가의 시선으로 본 세상, 그 안에 내가 앉아 있었으면 좋겠다"

홍보 콘텐츠 제작 시 협업팀

분야	역할
디자이너	카드뉴스, 리플렛, 포스터 디자인
포토그래퍼	작품 이미지, 설치 전경 촬영
영상팀	작가 인터뷰, 전시 영상 촬영 및 편집
카피라이터 (또는 실무자)	보도자료, 해시태그 문구 작성

※ 초기에 예산이 없다면, 실무자가 스마트폰과 무료 툴(Canva, VLLO, CapCut 등)로도 충분히 시작 가능합니다.

배포 채널 정리

- 보도자료: 언론사 문화부, 아트 전문매체, SNS 뉴스룸, 지역 문화정보 사이트
- 카드뉴스: 인스타그램, 페이스북, 블로그, 뉴스레터
- 영상 콘텐츠: 릴스, 유튜브 쇼츠, 네이버TV, 카카오뷰

팁(Tip)
- 각 콘텐츠에 #○○작가 #○○갤러리 #오늘의전시 해시태그와 함께 방문 유도용 문장 삽입: "지금, 이 전시를 만나러 오세요. ○○갤러리에서 기다리고 있습니다"

전시를 소개하지 말고 먼저 만나게 해야 합니다.

전시는 갤러리 안에서 일어나지만, 홍보 콘텐츠는 전시장을 방문하기 전, 사람의 마음 안에서 먼저 열리기 때문입니다. 보도자료는 언론과의 다리 역할을 하며, 카드뉴스는 관객의 첫 감정을 좌우하며, 영상은 오래 남는 인상이라고 할 수 있습니다. 전시는 작품만이 아닌 이야기로 기억되기 때문에 그 모든 것이 연결되어야 합니다.

전시 기록, 사진과 데이터 관리법
- 오늘의 전시가 내일의 레퍼런스가 됩니다

전시가 끝나고 나면 남는 건 관객의 기억, 작가의 작업, 그리고 갤러리가 남긴 기록입니다.

그중에서도 사진은 전시의 분위기, 작품의 배치, 관람자의 반응을 고스란히 간직할 수 있는 가장 중요한 기록 방식입니다.

전시 촬영, 왜 중요한가요?

- SNS 홍보 이미지 확보
- 보도자료, 카탈로그나 도록용 자료
- 작가와의 협업 기록
- 추후 전시 기획 시 레퍼런스
- 공공기관, 기업, 컬렉터 대상 포트폴리오 제출용

- 갤러리 브랜드 자산 축적

전시가 기억이 아니라 기록으로 남을 때, 갤러리는 내일을 준비할 수 있습니다.

촬영 타이밍과 진행 팁

촬영은 '오픈 하루 전 또는 첫날 오전'이 가장 적절해요
- 관람객이 없는 상태에서 정돈된 전시장 풍경 촬영 가능
- 조명, 캡션, 리플릿 등 마무리된 상태 확인 후 촬영
- 작가와 함께 촬영 시, 자연스러운 포즈나 작업 연출 가능

촬영 필수 컷 리스트

구분	내용
전체 컷	입구, 전시장 풍경(좌, 우, 대각선 방향)
부분 컷	작품 13점 단독, 23점 연속 배열 컷
디테일 컷	재질 표현, 질감, 붓 터치 클로즈업 등
작가 컷	작가와 작품, 작가의 손, 설치 중 장면 등
관람 컷	관객이 작품 앞에 머무는 자연스러운 순간
인쇄물 컷	도록, 리플렛, 캡션, 굿즈 진열 모습

SNS vs 아카이브 vs 보도용 사진, 뭐가 달라요?

용도	특징	해상도	톤, 스타일
SNS	감성적, 현장감	1080px 이상	따뜻한 색감, 연출 컷
아카이브	객관적 기록, 정면 위주	300dpi 이상	정직한 구도, 전체 구획 기록
보도자료	인상적인 컷, 보도용 해설 가능	2000px 이상	작품 + 작가 구도 or 공간 스케치

팁(Tip)

- 모든 컷은 작가의 작품 사용 동의를 받는 것이 원칙

- SNS 업로드 시 작가 태그, 크레딧, 캡션 정보 포함 필수
- 아카이브 사진은 폴더명, 파일명 정리 중요(예: 2025_05_artistname_title_01.jpg)

촬영 진행 시 누구에게 맡길까?

내부 촬영(직접 촬영)

- 스마트폰 + 삼각대 조합으로도 충분히 가능
- VSCO, Lightroom, Snapseed 등 앱 활용해 톤 보정
- 자연광 시간대(오전 10~12시, 오후 3~5시) 추천

외부 촬영(전문가 의뢰)

- 도록, 언론, 공공기관 제출용으로는 전문가 권장
- 2시간 단위 계약 or 컷 수 기준
- 촬영 전 컷 리스트와 '갤러리 톤 앤드 매너' 예시 제공 필수

▶ **문구 예시**

"우리 공간은 지나치게 상업적이기보단, 조용하고 따뜻한 톤이 어울립니다. 그 점 반영해 촬영 부탁드려요"

기록 파일은 이렇게 분류하세요

폴더 구조 예시

폴더 이름
2025. 5월 전시 - 아티스트 이름 01. 전시 전경 02. 작품 단독 03. 작가 사진 04. 관람컷 05. 포스터, 리플렛 06. 영상 자료

보관 팁(Tip)

- 클라우드 백업(Google Drive, Dropbox, iCloud 등)
- 작가명, 전시명, 날짜 포함된 파일명
- 해상도 낮춘 버전과 원본 버전 이중 보관
- SNS용 따로 폴더 분류

작가에게 기록 공유하는 법

- 보정된 사진 중 작가 중심 이미지 5~10컷 추려서 제공
- "SNS에서 활용하실 땐 갤러리 계정 태그 부탁드릴게요"

- 작가 포트폴리오용 사진은 워터마크 없이 제공해도 무방
- 단, 향후 외부 홍보물 사용 시 '갤러리 촬영본임'을 고지

전시가 끝난 뒤 가장 많이 열어보게 되는 폴더가 그 전시의 사진 폴더입니다.

그 한 장의 사진에서 공기의 밀도, 조명의 방향, 작품의 결이 떠오를 때, 갤러리는 기억을 넘어 기록의 힘을 갖게 되는 것입니다. 작품은 공간에서 사라지지만, 사진은 그 공간을 영원히 기억합니다.

작가 노트부터 비평문까지:
글로 정리하는 미술

- 글로 남겨야 전시가 오래간다. 기록은 또 하나의 전시입니다

작가 노트란 무엇인가요?

'작가 노트'는 작가가 자신의 작업을 직접 설명하는 짧은 글입니다. 보통은 전시 전에 갤러리에 전달되며, 도록, 리플릿, 홈페이지, 전시장 텍스트 등으로 활용됩니다.

구성 요소
- 작업을 시작하게 된 계기
- 작품 주제와 표현 방식
- 이번 시리즈의 핵심 키워드
- 작가의 내면적 감정 or 사회적 문제의식
- 마무리: 관람자에게 바라는 감상 방식

▶ **작가노트 문장 예시**

"이 작업은 무언가를 그린 것이 아니라, 오래 지워낸 끝에 남은 선들입니다"

"사라지는 것들의 기억을 붙잡고 싶었습니다. 그림으로요"

"관객이 각자의 마음으로 이 색을 다시 명명해 주시길 바랍니다"

▶ **팁**(Tip)

작가가 말이 서툴더라도 괜찮습니다.
직접 인터뷰하고 녹취 정리하는 방식으로도 충분히 정리 가능합니다.

기획노트란 무엇인가요?

기획노트는 큐레이터 또는 갤러리 실무자가 이번 전시를 어떤 의도로 구성했는지 설명하는 글입니다. 보통 리플릿이나 도록의 첫 장 또는 전시장 벽면에 붙는 글이며, 관객에게는 '전시의 입구' 역할을 합니다.

구성 요소
- 전시 기획 계기
- 작가 선정 이유

- 작품 간 연결성 또는 시리즈 흐름
- 전시공간 구성 방향
- 이번 전시에서 전달하고 싶은 감정, 시선

▶ **기획노트 문장 예시**

"작가의 색은 소리처럼 울리고, 감정은 결처럼 드러난다"
"이번 전시는 현실에 대한 직접적인 반응이기보다는, 그 후의 침묵을 보여주고자 했다"
"그림을 본다는 것은 곧, 타인의 내면을 조용히 건너가는 일이다"

▶ **팁**(Tip)

전시를 기획하며 떠올랐던 작가의 한마디, 전시장 경험, 독서노트 등을 인용하면 훨씬 입체적인 글이 됩니다.

비평문이란 무엇인가요?

비평문은 외부 필자, 평론가, 큐레이터가 작가와 전시에 대해 객관적 거리에서 해석하고 확장하는 글로 전시 리뷰나 에세이도 비평문에 속합니다. 주로 도록에 실리며, 작가 포트폴리오나 매체 보도, 학술적 인용에도 활용됩니다.

구성 요소

- 작가의 작업 세계 소개(이전 작품들과 비교 포함)
- 이번 전시의 변곡점 또는 실험 지점
- 미술사적 맥락, 동시대 미술 흐름 속 위치
- 언어적 해석, 상징 분석, 사회문화적 해설
- 감상에 대한 제안 또는 열린 해석

▶ **비평문 문장 예시**

"작가 ○○의 회화는 '보는 그림'이라기보다는 '거주하는 장면'에 가깝다"

"이 작업은 시각적인 충격보다 심리적 잔향을 오래 남긴다"

"동시대 페인팅이 감정의 층위를 어떻게 다루는지를 살펴볼 때, 이 전시는 중요한 하나의 단서가 된다"

▶ **팁**(Tip)

외부 필자에게 요청할 경우, 전시 전에 스튜디오를 방문하거나, 작품에 대한 설명 미팅이 이뤄지면 퀄리티가 높아집니다.

문서 정리 & 보관법

구분	파일명 예시	활용 용도
작가 노트	2024_ 작가명 _ 작가노트.docx	리플렛, SNS, 도록, 홈페이지
기획 노트	2024_ 전시명 _ 작가노트.docx	리플렛, 벽면 텍스트, 보도자료
비평문	2024_ 작가명 비평_ 필자명.docx	도록, 매체 기고, 포트폴리오

정리 팁(Tip)

- PDF + 워드 파일 이중 보관
- 작가 동의 여부 표시(공개 가능/불가)
- 인용문, 문장 발췌 정리 별도 파일로 정리해 두면 SNS 활용에 좋음

관객을 위한 버전으로 가공하기

작성된 노트들은 그대로 사용하기보다, 관객을 위해 읽기 쉽게 재해석해서 가공해 활용하면 좋습니다.

콘텐츠 예시

- 작가 노트 1문장 요약 카드뉴스

- → "이 작업은 '어떤 말도 하기 어려울 때' 떠오른 색에서 시작됐습니다"
- 기획노트를 활용한 스토리 Q&A
- → "왜 이 작가인가요?"
- → "작품이 덜 말할수록, 관객이 더 가까이 다가갈 수 있으니까요"
- 비평문 일부 인용 → 전시장 벽면 타이포그래피 연출

전시를 위한 글은 해설이 아니라 가이드입니다.

작가 노트는 작품의 내면에서, 기획노트는 전시의 설계도 위에서, 비평문은 관객의 시선과 시간 너머에서의 관점으로 각기 다른 위치에서 전시를 응시합니다.

그 글들이 함께 모일 때, 전시는 단지 보는 경험을 넘어서 생각하는 시간이 됩니다.

고객 DB, CRM, 그리고 단골의 힘
- '그때 오셨던 분'을 기억하는 일부터 갤러리의 신뢰가 시작됩니다

왜 고객 DB와 CRM이 필요한가요?

- 신규 전시 알림을 자연스럽게 보낼 수 있음.
- 작가별 관심 고객을 따로 관리할 수 있음.
- 작품 판매로 이어질 가능성이 높아짐.
- VIP 고객군을 점점 구체적으로 만들 수 있음.
- 결국, 갤러리는 '사람이 다시 오게 만드는 공간'이 될 수 있음.

고객 정보 수집, 어떻게 시작하나요?

수집 채널 예시

채널	수집 방법
전시장 방문	방명록, QR설문, 리플렛 수거 이벤트
아트페어	현장 명함 수집, 카카오톡 친구 추가 이벤트
SNS, DM	전시 문의 시 이름, 연락처 요청
웹사이트	전시 알림 신청 폼, 뉴스레터 구독 신청
작품 구매	판매 시 자동 수집(성함, 연락처, 배송지 등)

▶ **팁**(Tip)

수집 시, "전시 안내 목적으로 연락드릴 수 있어요"라는 동의 멘트를 반드시 포함해야 합니다.

고객 DB 양식 구성 예시

항목	내용
이름	홍길동
연락처	010-1234-5678
이메일	gallery@artmail.com
방문일	2024. 06. 18.
관심 작가	백남준, 앤디 워홀
행동 이력	팝아트 전시 관람, 백남준 작품 문의
메모	서재용 작품 관심, 미술 전공하심.

정리 틀 예시

- 엑셀, 구글시트(기초 CRM용)
- Notion(컬럼별 태그화 + 검색 편리)
- 에어테이블(Airtable)(중급 이상 갤러리 추천)
- CRM 프로그램(예: Hubspot, Zoho CRM 등)

고객 유형별 태그 분류 예시

태그	설명
#VIP	2점 이상 소장 or 전시 3회 이상 방문
#신진작가팬	30대 고객, 저가 소형 작품 문의 빈도 높음.
#컬렉터	연 1회 이상 작품 구매자
#아트페어고객	페어 부스에서 최초 접촉된 고객
#디자인관심	공간, 인테리어 중심으로 작품 감상하는 고객

→ 작가별, 전시별, 구매력별로 다층적인 필터링이 가능해야 합니다.

고객관리 실무 흐름

전시 전

- 태그별 대상 고객 리스트 추출
- 프리뷰(Preview) 초대장 발송(DM, 문자, 이메일 등)
- VIP 대상은 1:1 안내 또는 방문 예약 유도

전시 중

- 방문 고객 메모 (감상 특징, 머문 시간, 관심 표현 등)
- 작품 문의 고객은 따로 기록
- SNS 언급자, 태그한 사람 리그램 + 리스트업

전시 후

- 감사 메시지 발송
- 구매자 보증서, 운송 일정 관리
- 미구매 관람자 중 관심 표한 고객에게 후속 연락
- DB에 이력 추가 및 정기 업데이트

CRM(고객관리)을 잘하는 갤러리의 특징

- "○○님이 좋아하실 것 같아 연락드려요"라는 말이 어색하지 않음.
- 고객이 먼저 "다음 전시도 알려주세요"라고 요청함.
- SNS 게시물보다 '조용한 DM, 카톡, 이메일'의 응답률이 높음.
- 작품 판매보다 고객과의 신뢰 형성이 주된 목표

▶ 실무에서 자주 쓰이는 CRM 멘트 예시

- "지난번 ○○작가 전시에 관심 가져주셨는데, 이번 시리즈도

같은 주제로 확장된 작업이라 안내드립니다"
- "작가님이 이번에 소형 드로잉도 제작하셨어요. 서재나 책상 위에 놓기 좋은 작품이라 소개드리고 싶었어요"
- "작품 가격 변동이나 전시 소식이 있을 때 먼저 안내드릴게요"

고객은 한 번 방문자가 아니라, 갤러리와 함께 성장하는 사람입니다

고객 DB를 만든다는 건 단지 연락처를 저장하는 일로 생각해서는 안 됩니다.

작가와 관객을 연결하는 사람의 이름을 기억하고, 인연을 맺는 것입니다. CRM은 결국, 미술을 좋아하는 사람들을 위한 '예술의 커뮤니티'를 만들어 가는 과정입니다.

갤러리의 수익 모델, 지속 가능성을 말하다
- 예술이 지속되기 위한 현실적인 방법

많은 사람들이 갤러리를 예술가와 관객이 만나는 문화공간으로만 생각합니다.

물론 맞는 말입니다. 하지만 동시에 갤러리는 분명한 '사업체'이며, 꾸준한 운영과 성장을 위해서는 수익을 발생시키는 구조가 반드시 필요합니다.

상업 갤러리가 어떤 방식으로 수익을 창출할까요? 또, 전통적인 모델과 확장형 모델, 그리고 갤러리 규모에 따라 어떻게 전략이 달라질까요?

갤러리 수익 구조의 기본: 작품 판매 수수료

기본 수익 모델: 작품 판매(Commission Sales)

항목	내용
판매 방식	전시 중 또는 외부 소개(비정기 판매)
정산 방식	작가:갤러리 = 보통 50:50 또는 60:40
적용 기준	전속 작가 또는 초대 작가에 따라 수익률 협의 가능

- 단점: 전시 성공 여부에 따라 수익 편차가 크다.
- 보완책: 꾸준히 수요가 있는 작가 확보, 다양한 가격대 구성

부가수익

1. 아트페어 참가 → 현장 판매 및 신규 고객 유입

기대 수익: 현장 작품 판매 + 후속 문의

- 작품 직접 판매(일반 고객, 컬렉터, 기관 포함)
- 아트페어 이후 갤러리 방문으로 이어지는 '전시 효과'

- 신진작가의 첫 매출 루트로도 중요

비용 구조

항목	예상 비용
부스비	200~1,000만 원(페어 규모에 따라 상이)
운송 · 설치비	50~150만 원
제작비 (작품도록 등)	50~300만 원

각 갤러리의 특성에 맞게 전시와 아트페어를 잘 구성해서 현실적인 운영 전략을 짜야 합니다.

2. 아트상품 및 굿즈 판매

수익 유형: 드로잉, 판화, 아트카드, 캔들, 엽서, 티셔츠 등
- 저가형 진입 → 예술 입문 고객 유입
- 고급형 에디션 굿즈 → VIP 고객의 추가 소비 유도

- 예상 마진율: 30~70%
- 효과적인 판매 시점: 전시 오프닝, 아트페어, SNS 예약판매 등

3. 클래스, 강의, 워크숍 운영

유형

프로그램	대상	특징
아트 컬렉팅 입문	일반 고객	미술 구매 교육, 컬렉터 양성
갤러리 입문 실무	미술 전공자	큐레이터, 갤러리스트 지망생 대상
작가와의 대화	일반 관객	소규모 관객 및 참여형 클래스

운영 방식

- 유료 정기 강좌(5~20만 원/회)
- 전시와 연계된 무료 강좌 → 작품 구매 전환 가능

4. 공간 대관 및 협업 전시

▶ 예시

브랜드 컬래버 전시, 기업 행사 연계, 전시장 대관

- 1일 대관료: 30만 원~100만 원 수준
- 기업 행사 연계 시: 브랜드 노출 + 작가 협업 수익 가능
- 백화점·호텔 전시 협업: 브랜드 홍보 + 작품 판매 동시 달성

- 주의점: 갤러리 정체성이 훼손되지 않도록 '콘셉트 맞춤형 협업' 필요

5. 외부 전시 기획 대행, 공공 프로젝트 수주

- 미술관, 박물관, 지자체 전시 기획 및 운영
- 작가 매니지먼트 + 전시 연출 + 강의 연계
- 문화재단/예술위원회 공모 선정 → 수익 + 평판 확보

- 예상 수익: 기획비, 운영비, 강의비 등 포함 500만~2,000만 원 규모 가능

6. 작가 매니지먼트 및 아트 컨설팅

- 작품 투자 컨설팅, 소장 관리, 컬렉션 큐레이션
- 신진작가 브랜딩, 마케팅, 해외 진출 연계
- 기업, 병원, 호텔 등 B2B 작품 납품 컨설팅 수익

▶ **사례 예시**
- ○○호텔 로비 아트 연출 → 작가 소개 + 수수료 수익
- 법무법인 전용 라운지 큐레이션 + 대여 수익

기타 확장 가능 모델

- 출판물 제작(작가 책, 에세이, 도록)
- NFT, 디지털 아트 연계 플랫폼 수익
- 온라인 뷰잉룸 + 작품 대여 모델

갤러리의 수익은 작품에서 시작되지만, 관계로 확장됩니다. 갤러리의 핵심 수익은 작품 판매에서 출발하지만, 그 외의 모든 활동은 결국 작가와 관객 사이의 접점을 다양하게 만드는 방법입니다. 갤러리의 정체성을 해치지 않으면서 예술성과 수익성을 함께 키워가는 구조를 갖춘다면, 갤러리는 공간을 넘어 지속 가능한 브랜드가 될 것입니다.

PART 7

나만의 길을
만드는 법

갤러리스트 커리어의 확장과 창업 스토리

갤러리 안에서 성장하는 루트들
- 오늘의 전시 도우미가 내일의 디렉터가 될 수 있습니다

"제가 이 일을 계속하면, 어디까지 갈 수 있을까요?"

처음 갤러리에서 일하는 사람들은 이렇게 묻곤 합니다.
　갤러리에서는 학력보다 경험, 속도보다 신뢰 그리고 성과보다 신중한 관계의 누적이 더 큰 자산이 됩니다.

갤러리 안의 기본 직무 구조

직무	주요 역할	성장 키워드
인턴, 도우미	전시장 응대, 설치 보조, 자료 정리	관찰력, 책임감
어시스턴트	기획, 작가 소통, SNS 운영, 관리 실무	멀티태스킹, 소통력
큐레이터	전시 기획, 작가 섭외, 콘텐츠 작성	기획력, 분석력
매니저	일정 조율, 판매 관리, 고객 응대	리더십, 판단력
디렉터	갤러리 운영 총괄, 대외협력, 수익구조 설계	전략적 사고, 예술 시장의 균형감

갤러리에서 일하면서 성장하는 방식

전시마다 '한 가지 역할을 더 맡아보기'

처음에는 단순 응대였더라도, "이번엔 리플릿 텍스트도 한번 써 볼게요", "작가님과 직접 일정 조율해 볼게요"라는 등의 다른 역할도 맡아보세요. 확장이 경력을 만듭니다.

한 작가와의 장기 협업을 경험해 보기

작가의 언어, 리듬, 감정을 알아가는 시간은 당신을 더 깊이 있게 만드는 성장의 기회입니다. 단기간 많은 전시보다, 한 작가를 오래 이해해 보는 것이 더 큰 자산이 됩니다.

실무 노트와 관람 노트 병행하기

작품 판매 상황, 고객 응대 내용, 홍보 반응 등을 기록한 실무 노트와 개인의 감상과 리서치를 축적하는 관람 노트를 병행해서 꾸준히 정리해 보세요. 이 두 가지가 함께 쌓일수록 현실과 이상을 동시에 아우르는 실력자가 됩니다.

역할별 성장 포인트

역할별 성장 포인트 표

현재 역할	다음 단계로 성장하려면
인턴	작품, 고객, 작가 이름을 '메모'하고 기억하기
어시스턴트	SNS 운영 외에 '기획 보조'까지 제안해 보기
큐레이터	한 해 1회 이상 전시 기획 전 과정을 총괄해 보기
매니저	고객 관계 관리와 작가 정산, 두 세계의 균형 잡기
디렉터	브랜드 관점에서 전시 전략 설계 → 수익 구조 설계로 확장

갤러리에서 독립하는 세 가지 루트

독립 큐레이터

- 프리랜서 전시 기획자로 활동
- 공공기관, 기업, 외부공간 기획 의뢰 수주
- SNS 포트폴리오, 에세이, 협업 제안서 능력 중요

갤러리 창업

- 소규모 전시공간부터 시작
- 작가 2~3인과의 장기적 협력 중심 운영
- 수익 구조(작품 판매, 클래스, 굿즈 등) 확보 필수

기획 + 판매형 브랜드 운영자

- 갤러리 + 디자인숍, 갤러리 + 출판, 갤러리 + 커뮤니티 카페 등
- 콘텐츠 기획 + MD 구성 + 고객관리 능력 모두 요구됨.
- 작가 관리뿐 아니라 '공간 경험 설계자'로서의 감각 필요

성장 루트를 만들기 위한 '내 안의 체크리스트'

질문	당신의 성장 방향을 점검해 보세요
나는 지금 어떤 작가를 좋아하고, 왜 좋아하는가?	작가 취향 = 전시 철학의 씨앗
전시가 끝난 후, 나는 무엇을 기록하고 있는가?	기록 = 성장을 축적하는 방법
나는 지금 갤러리에서 '무엇까지' 책임지고 있는가?	책임 = 신뢰받는 실무자의 첫 조건
나만의 기획서를 쓴 적이 있는가?	기획 능력 = 독립의 핵심 자산
고객 한 명의 얼굴과 이름을 기억하고 있는가?	관계 = 당신만의 브랜드 시작점

갤러리의 성장 루트는 직급이 아니라, 깊이로 쌓입니다.

전시 하나하나가 당신의 학교고, 작가 한 명 한 명이 당신의 교과서입니다.

갤러리에서 일을 시작한 이상, 당신은 어느새 누군가에게 '전시에 대해 이야기해 줄 수 있는 사람'이 될 겁니다. 성장이라는 건, 직책을 얻는 것이 아니라 전시에 책임지는 마음을 하나씩 늘려가는 것입니다. 그리고 그 끝에는 작가가 신뢰하고, 고객이 다시 찾고, 당신 스스로가 자랑스러워할 수 있는 '나만의 갤러리스트'라는 자리가 기다리고 있을 것입니다.

갤러리를 창업할 것인가, 독립 기획자가 될 것인가
- 이름을 걸 것인가, 자유를 택할 것인가

"예술과 함께 일하고 싶다면, 당신의 길은 둘 중 어디에 있을까요?"

갤러리 일을 좋아하게 된 많은 사람들이 어느 순간 이런 고민을 하게 됩니다.

'나는 갤러리를 직접 열어야 할까, 아니면 독립 큐레이터로 일하는 게 더 맞을까?'

두 길 모두 전시를 기획하고, 작가와 관객을 연결하는 일을 한다는 점에서는 비슷합니다. 하지만 운영 방식, 책임 범위, 수익 구조, 필요한 자질은 꽤 다릅니다.

갤러리 창업자 vs 독립 기획자

기본 정의

구분	갤러리 창업자	독립 기획자
정체성	공간 운영자	콘텐츠 중심 예술 기획자
활동 방식	전시 기획 + 운영 + 판매	전시 기획 + 외부 협업
주요 수익	작품 판매, 클래스, 대관 등	기획비, 강연료, 출판, 프로젝트 수주
기반	공간(임대 or 소유), 브랜드	개인 포트폴리오, 네트워크

요구되는 자질

갤러리 창업자에게 필요한 역량

- 공간 운영 및 임대계약 이해
- 작가 관리 + 고객 대응 + 판매까지 아우르는 복합 능력
- 전시 기획력 + 재무관리 + 마케팅 감각
- 지속 가능성에 대한 전략적 사고

독립 기획자에게 필요한 역량

- 주제 설정, 콘텐츠 기획, 글쓰기, 발표 능력
- 기관이나 브랜드와의 협업 경험 및 포트폴리오

- 작가와의 창의적 대화 능력
- 자기 기획의 명확한 방향성과 말의 힘

수익 구조 비교

항목	갤러리 창업자	독립 기획자
작품판매 수익	직접 정산(갤러리 몫)	없음(작가, 갤러리 등)
클래스, 굿즈 등 부가수익	직접 운영 가능	별도 제휴 필요
외부 기획 수익	병행 가능	주요 수입원(공공기관, 기업 등)
고정비용 부담	고정비 높음(임대료, 인건비 등)	늦음(프리랜서 기반)

라이프스타일 비교

항목	갤러리 창업	독립 기획자
일정	비교적 고정(상시 운영)	유동적, 프로젝트 중심
업무강도	지속적 + 다방면	집중적 + 프로젝트 별 피크 있음.
심리적 압박	공간, 수익, 직원 관리 부담	외주 성격, 불규칙 수입에 대한 불안감
관계의 질	고객, 작가와 지속적인 유대 중심	작가, 기관과의 단기 프로젝트 중심

나에게 맞는 길은 어디일까?

갤러리 창업이 어울리는 사람

- 안정적인 브랜드와 공간을 기반으로 장기적으로 작가와 함께 성장하고 싶은 사람
- 예술을 시장 안에서 유통하고 확산시키는 구조에 관심이 많은 사람
- 고객과의 신뢰 관계를 꾸준히 쌓아가는 것을 즐기는 사람

독립 기획자가 어울리는 사람

- 전시 기획 자체가 너무 재미있고, 주제와 메시지를 만드는 것에 열정이 있는 사람
- 자유로운 일정, 다양한 장소와 프로젝트를 선호하는 사람
- 글쓰기, 강연, 콘텐츠 제작 등 말과 기획의 언어를 잘 다루는 사람

현실적인 조언

- 갤러리 운영 중 독립 큐레이터로 외부 전시 병행
- 독립 기획자로 활동하다가 장기적으로 갤러리 창업 준비
- 브랜드와 협업하며 POP-UP 갤러리 형태로 중간 단계 운영

갤러리 창업자와 독립 기획자는 대립된 것이 아니며, 시기와 자원의 상황에 따라 유연하게 이동할 수 있습니다.

내 적성 찾기

나에게 맞는 길을 찾는 자기 점검 질문

질문	갤러리 창업자에 가까운가요?	독립 기획자에 가까운가요?
나는 공간 운영에 대한 책임을 감당할 수 있는가?	○	△
작가의 작업을 판매하고 관리하는 일이 흥미로운가?	○	△
하나의 브랜드를 지속적으로 구축하고 싶은가?	○	△
주제를 바탕으로 전시를 만들고, 말로 풀어내는 데 자신 있는가?	△	○
다양한 기관, 장소, 조건 속에서 일하는 걸 즐기는가?	△	○

전시를 만드는 방식은 두 가지가 있습니다.

공간을 통해 세우는 사람, 주제를 통해 움직이는 사람.

둘 다 옳고, 둘 다 필요합니다. 중요한 건 당신의 성향과 현실, 그리고 전시에 대한 태도입니다. 공간이 없다고 갤러리스트가 아닌 것도 아니고, 전시를 하지 않는다고 해서 기획자가 아닌 것도 아닙니다. '작품을 관객에게 어떻게 연결할 것인가', 그 질문에 당신만의 방식으로 대답할 수 있다면, 당신은 이미 갤러리스트의 자격을 갖춘 것입니다.

작가 발굴, 포트폴리오 큐레이션의 모든 것
- 좋은 눈은 훈련되는 것

갤러리 실무자에게 가장 설레는 순간은 '좋은 작가'를 발견했을 때입니다. 하지만 그 설렘만으로는 지속적인 관계를 만들 수 없습니다. 작가 발굴은 눈의 일이고, 작가 관리와 동행은 마음의 일이며, 포트폴리오 정리는 손의 일입니다.

갤러리스트는 좋은 작품을 찾는 것이 목표가 아니라, 함께 성장할 작가를 찾아야 합니다.

작가를 어떻게 발굴할 수 있을까?

전시 현장 중심의 리서치
- 타 갤러리 전시, 대안공간, 신진작가 전시
- 대학 졸업 전시 및 MFA 전시 (국공립·사립 모두 체크)

- 아트페어 신진 작가존, 부스 단독 전시 작가

"좋은 작가는 SNS가 아니라, 작품 앞에서 만나는 사람입니다"

온라인 포트폴리오 및 SNS 활용
- 인스타그램, 개인 홈페이지
- '#작가명 + 작업실', '#졸업전시', '#드로잉작가' 등 키워드 탐색
- 작가 인터뷰나 리뷰 콘텐츠도 좋은 정보 루트

추천 기반 네트워크
- 기존 작가의 소개
- 미술계 관계자(큐레이터, 교수, 평론가)의 언급
- 레지던시·수상 경력 확인 후 직접 접촉

작가를 선정할 때 체크해야 할 요소

항목	내용
작가 프로필	학력, 이력, 전시, 수상 경력
아티스트 스테이트먼트	작가노트, 작업철학
대표작 이미지	캡션 포함(제목, 연도, 재료, 사이즈)
전시리뷰, 기사	작가의 외부 평가 자료
SNS, 홈페이지 링크	최신 작업 흐름 확인용

작가는 단지 그림을 잘 그리는 사람이 아니라, '내 갤러리와 함께 길을 걸을 수 있는 사람'인지가 중요합니다.

작가 포트폴리오, 이렇게 관리하세요

기본 구성 항목

① 포맷 제안

- PDF 10~20p 이내(갤러리 제출용)
- 작품 캡션은 반드시 포함
- 미리보기 버전 + 고해상도 이미지 별도 폴더 정리

② 갤러리 내부 관리 팁

- 작가별 폴더: 작가명, 이력, 포트폴리오, 계약서, 정산기록, 이미지
- 태그: 회화, 설치, 여성 작가, 신진, 드로잉 중심 등
- 전시 제안서 작성용 미리보기 폴더 따로 구성

갤러리 전속 작가 vs 협업 작가 관리 방식

구분	전속 작가	협업 작가
계약 형태	장기적(1~3년)	프로젝트 단위
작품 유통	갤러리 독점 or 우선권	자유 유통 or 협의 후 진행
홍보, 브랜딩	갤러리가 전면적으로 책임	갤러리가 협력하여 제작
장점	신뢰 기반의 장기 성장 가능	유연한 기획 가능성
리스크	관리, 책임이 큼	작가 유출 가능성

현실적으로 대부분의 갤러리는 '반 전속 + 프로젝트형 협업' 병행 구조로 운영합니다.

작가와의 첫 미팅, 이렇게 준비하세요

체크리스트

- 작업에 대한 리서치 미리 진행
- "최근 전시에서 어떤 반응이 있었나요?"
- "작업 중 가장 오래 고민한 시리즈는 무엇인가요?"
- "향후 어떤 작업을 계획하고 계신가요?"
- 전시 일정 및 갤러리 방향 설명
- 포트폴리오는 받은 후, 추후 회신 원칙

첫 미팅은 섭외보다 '상호 신뢰와 가능성 확인'의 시간입니다.

작가 정보 보관과 활용

- 작가 노트, 이력서, 이미지, 가격표는 PDF + 엑셀 이중 보관
- 과거 전시 기록은 연도별 폴더로 저장
- SNS 피드나 뉴스레터에 활용할 수 있도록 정리.

'작가 키워드 정리표'를 만들어 두면 콘텐츠 기획에 유용합니다.

▶ 예시

이우환: #단색화 #조응 #다이얼로그 #한국현대미술 #단색화가 #한국추상화가 #블루칩작품 #컬렉터 #선으로부터 #점으로부터 #이우환미술관

작가는 찾는 게 아니라, 우리가 만나는 사람입니다.

작가 발굴은 무수한 작업실을 방문하고 작품을 들여다보고, 그 속에 담긴 시간과 감정을 이해하려는 작고 조용한 끈기의 축적입니다. 그 신뢰를 쌓아가는 사람이 갤러리스트이며, 그 믿음으로 함께 걷는 것이 바로 갤러리라는 공간입니다.

한국 미술시장 구조 한눈에 보기
- 예술은 감성으로 보고, 시장은 구조로 읽어야 한다

여전히 많은 사람들이 '미술은 자유로운 분야 아니야?'라고 생각합니다.

하지만 미술이 작품으로서만 존재하는 것은 아닙니다. 전시되고, 팔리고, 유통되고, 평가되는 모든 과정에는 분명한 시장의 구조와 생태계가 존재합니다.

한국 미술시장의 큰 구조

한국 미술시장은 다음과 같은 축으로 움직입니다.

축	주요 구성
창작	작가, 작업실, 레지던시
유통	갤러리, 아트페어, 경매사, 온라인, 플랫폼
평가	평론가, 미술관, 공공기관, 수상 및 레지던시
소비	컬렉터, 기업, 기관, 일반 관람객

이 네 가지가 순환되면서 작품이 유통되고, 작가가 성장하며, 갤러리도 브랜드로서 자리매김할 수 있습니다.

국내 미술시장의 유통 경로 이해

1. 1차 시장

1차 시장은 작가가 처음 작품을 유통하는 단계로 주로 상업 갤러리를 통해 개인 컬렉터나 기업에 작품이 소장되는 방식으로 유통됩니다.

- 가격 형성 초기
- 작가와 갤러리의 신뢰 관계 중요
- 작품이 '처음 팔리는 시장'

2. 2차 시장

2차 시장은 이미 유통된 작품이 다시 거래되는 시장으로 주로 경매, 리세일, 딜러 간 거래를 통해 작품이 유통됩니다.

- 작품의 희소성, 이력, 가격 상승 여부 중요
- 시장 가치 평가가 본격적으로 개입
- 갤러리는 간접 관여 or 경매 출품 중개 가능

시장별 주요 주체와 역할

주체	주요 역할
작가	창작, 전시, 유통 협의
상업 갤러리	작가 발굴, 전시 기획, 판매, 마케팅
아트페어	단기 판매, 노출 극대화, 신규 고객 확보
경매사	작품 재유통, 가격 공개화, 작가 브랜드 강화
미술관, 공공기관	비상업적 평가와 지원, 작가의 공적 이력 형성
컬렉터	작품 소비자이자 시장 참여자
비평가, 언론	의미 부여, 작가 세계관 해석, 시장 방향 제시

작가의 작품 가격은 어떻게 형성될까?

영향 요인	설명
작가 이력	학교, 전시, 수상, 컬렉션 유무 등
작품 크기, 재료	호수, 제작 방식, 공수에 따라 결정
갤러리 규모	상업 갤러리의 위치, 브랜드, 전속 여부
유통 방식	갤러리, 아트페어, 온라인 여부
2차 시장 기록	경매 낙찰가, 이전 판매 이력

"가격은 곧 작가의 현재 시장에서의 평가이며, 전시는 그 평가를 만드는 현장입니다"

한국 미술시장의 특징

갤러리 중심 구조가 강하다

- 미술관보다는 상업 갤러리가 작가의 데뷔 무대인 경우가 많음.
- 큐레이터보다 갤러리 디렉터의 영향력이 큼.

신진작가 시장과 컬렉터 유입이 동시다발적

- 20~40대 컬렉터의 증가로 인스타 기반의 정보 소비

- 가격 투명성, 온라인 유통에 대한 니즈 증가

'미술과 라이프스타일' 융합 트렌드
- 백화점 전시, 호텔 협업, 팝업 갤러리 증가
- 작품 + 공간 경험 + 굿즈 등 복합 소비 유도

갤러리 실무자가 알아야 할 시장 감각

주요 지표 체크
- K-아트페어, 키아프(KIAF), 프리즈 서울, 블루칩 작가 낙찰가 흐름
- 신진작가 트렌드: 회화, 젠더, 감성 추상 등
- 온라인 플랫폼: 아트그라운드, 더아트토리, 오픈갤러리 등

고객 반응 읽기
- 어떤 작가 앞에서 고객이 오래 머무는가.
- 작품의 크기, 색감, 가격대 중 무엇에 민감하게 반응하는가.
- 작품이 팔릴 때, '작품 때문인가? 갤러리 때문인가?'를 관찰하기

갤러리와 미술시장 사이에서 포지션 구축하기

갤러리 유형	미술 시장 내 위치
하이엔드 갤러리	블루칩 작가 유통, VIP 컬렉터 중심
신진작가 전문 갤러리	작가 발굴과 초기 유통 중심
팝업형 공간	고객 체험 + 유입 중심
복합문화 공간형	전시 + 클래스 + 커머스 융합형 수익 모델

자신의 갤러리 모델을 시장 구조 안에서 어디에 둘 것인지부터 명확히 해야 합니다.

시장은 감정보다 빠르고, 숫자보다 느리고, 눈에 보이지는 않지만 계속해서 움직이고 있습니다. 갤러리스트는 시장의 구조를 무겁게 받아들이기보다, 더 명확하게 작품의 가치를 설명할 수 있어야 합니다. 즉, 작품이 '얼마인지'보다 '왜 이 가격인지'를 말할 수 있을 때, 우리는 예술과 미술시장을 연결하는 갤러리스트가 되는 것입니다.

1차, 2차, 그리고 경매시장
- 그림은 어디로, 누구에게로 흘러가는가

미술품은 한 번 팔리면 끝이 아닙니다.

언제, 어디에서, 누구에게, 얼마에 팔렸는가에 따라 그 작품의 '시장 이력'이 생기고, 이후 작가의 평가와 갤러리의 브랜드에도 큰 영향을 줍니다.

1차 시장이란?

1차 시장이란 작품이 처음 유통되는 곳을 말합니다. 작가가 처음으로 작품을 판매하는 시장이기도 합니다. 주로 상업 갤러리, 아트페어, 개인전, 온라인 플랫폼 등이 이에 해당됩니다.

주요 특징
- 작품의 '최초 가격'이 형성되는 곳
- 작가와 갤러리 간의 신뢰가 중요한 파트너십 기반
- 고객은 주로 컬렉터, 미술 입문자, 기업, 기관 등

갤러리의 역할
- 가격 책정, 판매 전략 수립
- 고객 응대 및 계약 체결
- 작품 보증서, 운송, 설치 등 모든 실무 주도
- 작가 브랜딩 및 아카이빙

1차 시장의 민감 요소

항목	이유
가격 공개 여부	향후 시장 가치에 영향
판매 이력 관리	너무 잦은 거래 or 과도한 할인은 리스크
고객 유형	투자 목적 고객 유입 시 작가 리스크 상승 가능성

2차 시장이란?

2차 시장이란 한번 유통된 작품이 다시 거래되는 곳을 말합니다.

즉, 이미 미술시장에 나온 작품이 제3자에 의해 재판매되는 리세일 시장이라고 할 수 있습니다. 2차 시장에는 주로 경매, 딜러, 프라이빗 세일이나 온라인 리세일 플랫폼 등이 이에 해당됩니다. 또 갤러리에서도 전시가 끝난 후의 작품은 리세일을 통해 판매가 되기도 합니다.

주요 특징

- 작품의 시장 가치가 '검증'되거나 '조정'되는 영역
- 가격 상승 또는 하락이 공개적으로 드러남
- 작가의 경력과 신뢰도에 결정적인 영향을 미침.

2차 시장에서의 거래 흐름

소장자가 작품을 처분하고 싶을 때 → 경매사나 딜러에게 의뢰 → 입찰 또는 프라이빗 세일 → 거래 완료 후 결과가 공개

2차 시장 진입의 기준

진입 시점	특징
작품 희소성이 확보될 때	에디션 x, 유화 등 단독성 확보
작가가 일정 경력을 쌓았을 때	미술관 전시, 레지던시, 평론 등 공적이력
거래 수요가 높아졌을 때	컬렉터들 사이에서 작품 확보 경쟁이 있을 때

경매란?

경매란, 미술품의 가치에 대한 시장에서의 공개적인 평가라고 할 수 있습니다. 경매는 작품을 불특정 다수에게 공개 입찰해서 판매하는 방식으로 국내에서는 서울옥션, 케이옥션 등의 경매회사가 있습니다.

경매의 역할

- 작가의 시장 가치 측정
- 컬렉터, 갤러리, 기관이 참고하는 '시세 기준'
- 작품의 유통 이력 및 보증의 일부가 됨

경매사 운영 구조

- 출품자(작품 소장자)가 작품 의뢰
- 경매사 감정 및 입찰가 설정
- 낙찰 시 수수료(15~20%) 발생
- 유찰된 작품은 '시장 반응 실패'로 인식되기도 함.

갤러리 입장에서 경매는 어떻게 다뤄야 할까?

장점

- 작가의 브랜드 가치 상승 → 갤러리 신뢰도 향상
- 낙찰가 상승 시, 1차 시장 가격도 자연스럽게 상승
- 프리미엄 작가 육성 전략의 일부로 활용 가능

단점

- 너무 이른 시점의 경매 진입은 작가 소진 가능성
- 낮은 낙찰가나 미낙찰은 작가 브랜드에 치명적
- 비공식 루트를 통한 출품 시, 갤러리와 작가 사이의 신뢰 훼손 우려

작가와 갤러리를 위한 '시장 이력 관리' 전략

전략	설명
판매 정보 비공개 원칙 유지	과도한 가격 노출은 투기 인식 유발 가능성 있음.
구매자 정보 보안 유지	프라이버시 + 시장 질서 유지 목적
작가와의 계약서에 2차 유통 관련 조항 삽입	'작품을 일정 기간 이내 전매 금지' 등 조건 삽입
경매 출품 시 갤러리와 공동 조율	출품 타이밍, 작품 종류, 최저가 설정 등 협의 필요

1차 ↔ 2차 시장의 연결

갤러리는 작가의 첫 판매부터 브랜드가 완성되는 시점까지를 가장 가까이에서 함께합니다.

1차 시장에서 신중하게 유통된 작품은 2차 시장에서 더 좋은 평가를 받고, 그 결과는 다시 갤러리의 전시와 판매에 긍정적인 피드백으로 돌아옵니다. 1차 시장은 조용하지만 깊이 있으며, 2차 시장은 빠르고, 경매는 화려합니다. 갤러리스트는 이 3개의 세계를 모두 이해하고, 작가의 예술과 고객의 신뢰 사이에서 지혜로운 유통 전략을 세울 수 있어야 합니다.

작품이 어디에서 누구에게 얼마에 팔리는지가 아니라, 왜 그곳에서, 왜 그 사람에게, 왜 그 가격인지 설명할 수 있을 때, 당신은 이미 시장 안에서 '예술의 가치를 조율하는 사람', 즉, 갤러리스트가 되었다고 할 수 있습니다.

NFT, 디지털 아트, 온라인 갤러리의 현재와 미래

- 캔버스 너머, 화면 속으로 들어간 예술

한때 갤러리는 '하얀 벽과 조용한 공간'을 뜻했습니다. 하지만 이제는 화면 속의 픽셀, 블록체인 위의 파일, 클릭으로 열리는 가상 전시공간까지 포함하게 되었습니다.

NFT와 디지털 아트, 그리고 온라인 갤러리의 등장은 갤러리스트에게 새로운 질문을 던집니다.

"작품이 더 이상 실물이 아니라면, 갤러리는 어떤 역할을 해야 할까요?"

NFT 아트

NFT란 무엇인가요?

NFT는 'Non-Fungible Token', 즉 대체 불가능한 토큰의 약자입니다.

간단히 말하면 디지털 파일(이미지, 영상, 음원 등)에 '진짜 원본임을 증명하는 증서'를 붙여주는 기술을 뜻합니다. 만약 예술 작품에 NFT를 활용하면 디지털 이미지에도 고유 번호, 소유권, 거래 기록이 생깁니다. 바로 이걸 예술에 적용한 것이 NFT 아트입니다.

NFT 아트, 왜 주목받았나요?

NFT 아트가 주목받은 이유는 2021년, 미국 작가 비플(Beeple)의 NFT 작품이 크리스티 경매에서 약 780억 원에 낙찰되며 세계적 화제를 몰고 오면서 시작되었습니다.

NFT 아트의 장점

항목	설명
소유권 증명	블록체인 기반으로 위조, 복제가 사실상 불가능
작가 수익 모델	2차 거래 시에도 작가에게 자동 수익 배분 가능
글로벌 유통	지리적 제약 없이, 전 세계에 작품 판매 기능
새로운 장르	영상, 3D, 프로그래밍 기반 예술의 제도권 진입

디지털 아트

디지털 아트는 NFT만 있나요?

NFT는 디지털 아트의 한 유통 방식일 뿐이며, 디지털 아트의 범위는 다양하게 있습니다.

디지털 아트의 범위
- 디지털 드로잉, 프로크리에이트 기반 작품
- 영상 설치, 모션그래픽
- 3D 조형, 가상현실(VR) 기반 작업
- 코딩 아트, 제너러티브 아트
- 인터랙티브 미디어(센서, 프로젝션, 사운드 등)

디지털 아트는 전통 회화나 조각과 달리 시간, 소리, 상호작용, 움직임을 포함하는 새로운 언어입니다.

온라인 갤러리

온라인 갤러리란 무엇인가요?

온라인 갤러리는 웹 기반으로 작품을 소개하고, 판매하고, 전시 경험을 일부 대체하거나 확장하는 플랫폼입니다.

유형 예시

유형	특징
이미지 중심 플랫폼	아트시(Artsy), 오픈 갤러리 등 → 작가, 작품 소개 및 판매
가상 전시 플랫폼	Spacsetogo, Artstep, New Art City → 3D 전시 공간
자체 홈페이지 기반	갤러리 자체 운영 웹사이트에서 전시, 작품 공개
NFT 마켓 플레이스	OpenSea, SuperRare → 블록체인 기반 작품 거래

온라인 갤러리는 오프라인 전시의 대체재라기보다는 '검색창에서 발견되는 갤러리'로서의 전략 채널입니다.

갤러리는 디지털 시대에 무엇을 준비해야 할까?

오프라인의 감각 → 온라인의 언어로 번역하기

- 전시 사진 = 단순 기록이 아닌 온라인 콘텐츠로 재가공
- 작가 인터뷰 = 영상 클립, 카드뉴스, 블로그 콘텐츠로 활용
- SNS, 유튜브, 홈페이지, 뉴스레터 등 다양한 채널 구축

디지털 아트 작가와의 협업 기획

- 설치가 어려운 작품은 모니터, 프로젝터, 스크린 활용 전시 기획
- 공간 연출보다는 맥락 전달력이 중요
- 음향, 영상, 조명 등 타 매체와의 융합 고려

NFT 출품을 고려할 때 체크할 것

항목	체크포인트
작품의 형태	디지털 고유성 유지 가능한가?
유통 플랫폼	국내외 마켓의 거래 수수료 및 신뢰도
계약 구조	작가와의 권리 분배 및 재판매 수익구조 명확화
법적 이슈	저작권, 저작인격권, NFT 발행자 명의 등

NFT와 디지털 전환의 오해와 진실

오해	진실
NFT는 거품이다.	투기적 흐름은 있지만, 기술 기반은 유효함.
디지털 아트는 진짜 예술이 아니다.	표현 매체가 다를 뿐, 작가성은 그대로
온라인 갤러리는 오프라인을 대체한다.	대체가 아니라 확장, 함께 운영해야 시너지 발생

갤러리 실무자를 위한 디지털 실전 팁(Tip)

- 디지털 작가 섭외 시 포트폴리오는 영상, 링크 포함 요청
- 전시 전 플랫폼별 작품 소개 방식 확인(gif, 영상, 가상공간)
- SNS 콘텐츠 기획 시 '작품 설명 + 감각적 편집 영상 or 카드뉴스' 조합 추천
- NFT 출품 시 전시 연계 PR 포인트 설계(ex. 'NFT + 실물작 연동')

미술에서 캔버스는 사라지지 않지만, 세계는 확장되고 있습니다. NFT와 디지털 아트는 예술의 본질을 바꾸는 것이 아니라, 예술이 도달하는 방식과 범위를 바꾸는 도구입니다. 시대는 계속해서 바뀝니다. 따라서 갤러리스트는 작품이 걸리는 벽을 넘어 작품이 흐르는 공간 전체를 디자인하는 사람이 되어야 합니다.

협업과 컬래버, 더 큰 세계로 나아가는 방법

- 예술은 혼자 하는 일이지만, 예술계는 함께 만드는 생태계입니다

갤러리라는 공간 안에서의 전시는 분명히 '하이라이트'입니다. 하지만 그 하이라이트가 나오기까지는 수많은 백그라운드의 관계와 기회가 있어야 가능합니다. 그 중심에는 작가의 레지던시 경험, 기관이나 브랜드와의 협업 기획, 그리고 컬래버가 있습니다.

작가에게 레지던시란?

레지던시란?
작가가 일정기간 동안 특정 기관의 공간에서 작업, 연구, 교류를 집중적으로 진행하는 프로그램입니다. 레지던시는 작가에게는 작업이 성장하기 위한 인큐베이터 같은 역할을 하는 곳입니다.

주요 목적
- 작업 집중: 시간과 공간을 확보
- 예술 네트워크 형성: 다른 작가, 큐레이터, 기관과의 교류
- 이력 구축: 포트폴리오, 공모 수상, 향후 전시 기획 시 반영

국내 주요 레지던시

기관	위치	특징
국립창동레지던시	서울	국립현대미술관 운영, 중견이상 작가 대상
아트스페이스 풀	서울	젊은 작가 중심, 전시 연계 큐레이션 프로그램
금천예술공장	서울	시각예술 + 미디어 융합 실험 작업 지원
경기창작센터	안산	다분야 교류 기반, 장기 입주 가능

갤러리와 레지던시의 연결점

갤러리는 레지던시 작가들을 통해서
- 전시할 수 있는 신진작가를 발굴
- 작가의 성장 이력을 이해
- 추후 아트페어나 프로젝트 컬래버 기획에 활용

▶ **실무 팁**(Tip)

전시 기획 전 레지던시 운영기관의 '연간 입주작가 결과 보고서'를 살펴보면 훌륭한 작가 정보원을 얻을 수 있습니다.

협업과 컬래버

협업과 컬래버는 예술이 브랜드를 만나거나, 산업을 만나는 것을 의미합니다.

컬래버 유형별 실무 사례

갤러리 × 브랜드(패션, 리빙, 화장품 등)

사례	내용
갤러리 × 패션 브랜드	작가 드로잉을 활용한 티셔츠, 에코백 제작
갤러리 × 향 브랜드	전시 콘셉트에 맞춘 향 제작 및 공간향 연출
갤러리 × 가구 브랜드	작가 작품을 모티브로 한 리빙 오브제 협업

- 예: 프리즈 서울 기간 중, 생로랑과 아티스트의 협업 전시 등

갤러리×공간(호텔/백화점/레스토랑 등)

사례	내용
백화점 VIP 라운지 전시	고정 고객 대상 신작 소개 + 구매 유도
호텔 로비 아트	미술관 대신 '체험하는 전시장' 역할
레스토랑 전시	작품렌탈 + 분위기 연출 + 판매 연계

- 실무 포인트: 설치 기간, 보험, 가격 노출 방식 등 협업 계약 조항 명확히!

갤러리×공공기관

사례	내용
문화재단 지원전시	기획비 + 홍보 + 공간 지원 가능
지자체 미술 프로젝트	지역작가 중심 or 주제기반 기획 가능
교육기관과의 연계	미술 강연, 도슨트 프로그램 협업 등

작가의 입장에서 컬래버는 무엇을 남기는가?

- 브랜드 협업은 작가의 활동 범위를 넓힘.
- 일반 소비자와의 접점을 만들어 줌.
- 아트페어나 해외 진출 등 이력서에 적을 수 있는 중요한 경로가 됨.

단, 작가의 정체성과 작품 세계가 너무 훼손되지 않도록 컬래버의 방향성과 결과물을 갤러리가 함께 조율해야 합니다.

갤러리가 컬래버를 기획할 때의 체크리스트

항목	내용
콜라보 주제	브랜드 vs 작가 간 시너지 발생 가능한가?
작품 형태	기존작품 활용 or 신작 제작 or 이미지 사용
수익 배분	제품 판매 vs 라이선스료 vs 고정 기획비 등
계약 조건	기간, 저작권, 홍보 방식 등 명확히 문서화
설치 환경	작품 파손 우려, 관람 흐름, 홍보 타이밍 등 고려

레지던시와 협업은 예술을 넓히는 것이 아니라, 예술이 더 많은 사람에게 닿게 만드는 방식입니다. 갤러리스트는 작품을 걸 뿐 아니라, 작가와 세상을 연결하기 위해 다리를 놓는 사람입니다. 그 다리가 공공기관일 수도 있고, 백화점일 수도 있으며, 작은 온라인 브랜드의 인스타그램일 수도 있습니다. 갤러리스트의 선택이 예술의 길이 넓어지는 시작이 될 수 있습니다.

PART 8

예술과
오래 함께하기 위해

번아웃 없이, 꾸준히 사랑하며 일하는 법

예술과 현실 사이의 균형 잡기
- 하고 싶은 일 vs 할 수 있는 일

갤러리스트로 오래 일하다 보면 간혹 '내가 이 일을 계속할 수 있을까?'라는 생각이 들 때가 있습니다.

전시가 끝났을 때, 작품은 남지만 우리는 지쳐 있습니다. 작가와의 소통, 고객과의 응대, 매출의 압박, 끝없는 준비 등 모두 예술을 위한 일인데도 어느 순간 예술과 멀어지고, 자신과도 멀어지는 느낌이 들기도 합니다. 갤러리스트로 살아간다는 건 예술을 사랑하는 동시에, 예술을 관리해야 하는 이중의 노동이기 때문입니다.

갤러리스트의 번아웃은 어떤 모습일까요?

- 전시 오픈 전날, 공간을 보는 감각이 무뎌질 때
- 작품을 소개하면서도 내가 이걸 왜 하고 있는지 모를 때

- 고객을 대하는 말투에 열정이 아닌 습관만 남았을 때
- SNS, 캡션, 안내문 하나에도 한 글자 쓰기조차 버거울 때

이때 자주 등장하는 내면의 말들이 있습니다.

'이 전시가 정말 사람들에게 의미가 있을까?'
'나는 그냥 행정처리 하는 사람인 것 같아'
'내가 아는 건 아무것도 아닌 것 같다'
'나 혼자 모든 걸 책임지는 기분이야'

이러한 것들은 바로 번아웃의 신호입니다.

예술과 현실 사이, 균형이 무너지는 순간

갤러리스트는 주로 예술과 현실 사이에서 균형을 잃었을 때 번아웃이 찾아옵니다.

먼저 예술 쪽으로만 기울면 작품에만 몰입하게 되거나 수익 구조를 간과하게 되는 일이 생기며, 작가의 감정에 과도하게 동조하는 일도 생깁니다. 또 스스로를 마치 '예술가처럼' 소모하는 일도 종종 발생합니다. 반대로 현실 쪽으로 너무 기울면 감정이 배제된 판매만 반복하는 사람이 되거나, 고객 만족만 우선으로 생각하고 스스

로 운영자와 판매자로만 존재하기도 합니다. 따라서 어느 한쪽으로 치우치지 않고, 예술과 현실 사이에서 균형을 잘 잡도록 늘 체크해야 합니다. 너무 한쪽으로만 기울면, 방향성은 있을지 몰라도 지속성은 사라지기 때문입니다.

번아웃의 전조 증상, 이렇게 나타납니다

- 모든 전시가 비슷하게 느껴진다.
- 작가와의 대화가 의무적으로 느껴진다.
- SNS, 콘텐츠 작업이 억지스러워진다.
- 작품을 봐도 감정이 반응하지 않는다.

번아웃은 몸보다 '마음의 반응력'이 먼저 사라지며 시작됩니다.

갤러리스트에게 필요한 회복의 기술

'비생산적인 시간'을 허용하기
- 책 읽기, 걷기, 미술관 혼자 다녀오기
- 고객, 작가, 전시와 직접 연결되지 않는 감각의 시간을 정기적으로 넣기

전시 사이에 여백 만들기

- 한 전시가 끝나자마자 다음 전시를 준비하지 않기
- 정리, 피드백, 감상 기록의 시간을 확보
- 다음 전시를 밀어붙이지 않고 초대하는 여유

감정 기록하기

- 이번 전시에서 좋았던 점과 아쉬운 점 기록하기
- '내가 지금 이 일을 계속하는 이유는 무엇인가?'를 생각해 보고 마음 회복하기

감정과 현실의 균형을 찾는 작은 도구들

감정과 현실 사이의 균형이 무너졌을 때, 어떻게 해야 할까요?

- 일지나 전시 노트를 써보면서 감정과 기록의 교차점 만들기
- 작가와의 인터뷰 글쓰기를 하며 언어로 작품을 다시 바라보기
- 내 공간 외의 다른 전시를 감상하며 기획자에서 관람자로 돌아가는 시간 갖기
- 짧은 강의나 워크숍을 진행하며 예술을 타인에게 설명하며 나를 다시 만나는 기회를 갖기

갤러리스트가 스스로에게 해줄 수 있는 말

- "나는 예술을 팔지 않는다. 예술을 사람들이 만날 수 있게 연결할 뿐이다"
- "이 일이 힘든 건, 내가 예술을 소중하게 여기기 때문이다"
- "한 전시가 힘들었을 뿐, 내가 잘못된 길을 걷고 있는 건 아니다"

실제로 지속 가능한 갤러리스트란, 예술과 자신을 동시에 지키는 사람입니다.

예술을 오래 보고 싶다면 나 자신의 감정도 오래 지켜야 합니다. 작품은 매일 새롭게 바뀌지 않지만, 나의 마음은 하루에도 몇 번씩 다르게 반응합니다. 즉, 번아웃은 예술을 떠나야 하는 이유가 아니라, 예술을 더 잘 이어가기 위한 '쉼의 신호'라고 할 수 있습니다. 스스로의 감각이 말해주는 그 신호를 잘 받아들이고 다시 예술 앞에서 웃을 수 있다면 오래 일할 수 있는 단단한 갤러리스트가 될 수 있습니다.

감정노동을 견디는 감각
- 마음을 지키며 일하는 기술

갤러리스트가 매일 만나는 것은 작품만이 아닙니다.

작가의 예민함, 고객의 기대, 동료의 피로, 나의 불안까지 갤러리스트는 온갖 감정이 오가는 공간 속에서 일하게 됩니다. 그래서 사실 전시준비보다 더 힘든 것은 사람의 기분을 읽고 맞추는 일이라고 할 수 있습니다.

그렇다면 지치지 않고 일하기 위해 어떻게 해야 할까요?

갤러리에서의 감정노동, 어떤 순간에 느껴질까요?

- 작가가 예민해져 모든 결정에 민감할 때
- 고객이 "이게 왜 이 가격이죠?"라고 물을 때

- VIP 응대 시 눈치, 말투, 자세까지 긴장하게 될 때
- SNS 반응이 저조해 불안할 때
- 직원 간 갈등을 중재해야 할 때
- 전시 중 관객의 반응이 없을 때 느끼는 허탈감

이럴 때, 나는 작품 사이에만 있는 게 아니라 감정 사이에 있다는 것을 깨닫게 됩니다.

감정노동의 본질은 '감정과 표현 사이의 거리'

전시장에 있다 보면, 여러 가지 감정을 느끼기도 하고 또 내 감정을 보여줘야 하는 일도 많습니다. 만약 내가 느끼는 감정이 피곤함, 짜증, 불안, 서운함의 감정인데, 내가 보여줘야 하는 감정은 차분함, 친절함, 안정감, 전문성이라는 감정입니다. 바로 이럴 때 감정노동이 발생하는 것입니다. 감정은 단순히 참아야 하는 것이 아니라 컨트롤해야 합니다. 이 역시 일의 한 방식이라는 것을 기억해야 합니다.

갤러리스트에게 감정노동이 중요한 이유

갤러리스트에게 고객과의 관계는 늘 반복적이고 누적되는 것입

니다. 작가와의 관계는 한번 무너지면 회복하기 어려운 부분이며, 갤러리의 평판은 감정이 아닌 태도에서 나오기 때문에 갤러리스트에게 감정노동은 매우 중요합니다. 따라서 일을 할 때, 감정을 억누르는 방식보다는 견디고 흐르게 하는 감각이 반드시 필요합니다.

감정노동을 견디는 감각 다섯 가지

'태도와 감정'을 분리하는 연습

- 내가 친절한 태도를 보인다고 해서, 감정까지 친절해야 하는 건 아닙니다. 태도는 일의 언어이며, 감정은 나의 언어라고 생각해 보세요. 두 언어를 분리하면 지치지 않습니다.

'미리 정한 말'을 준비해 두기

- 작가가 예민할 때 → "말씀해 주셔서 감사합니다. 오늘 안에 조정해서 다시 공유해 드릴게요"
- 고객이 무리한 할인 요청을 할 때 → "해당 작가는 가격 변동이 없지만, 다른 사이즈를 추천해 드릴 수 있어요"라는 등의 즉답하지 않고, 미리 준비된 말로 '감정의 중간 지대'를 만드는 기술

'감정 기록'의 루틴화

- 하루 끝에 오늘 내가 불편했던 한마디와 나를 지켜줬던 한마

다 기록해 보기
- 매 전시마다 이번 작가와의 협업에서 감정적으로 좋았던 점과 힘들었던 점 기록해 보기

'기록을 하는 것'은 내 감정을 쌓아두지 않고 흘려보내는 안전한 통로 만드는 방법입니다.

'실무자가 아닌 관람자'로 돌아가는 시간 만들기
- 전시장에서 혼자 그림 보기
- 고객이 없는 시간에 음악 틀고 공간 정리
- 내 감정이 들리지 않아도 괜찮은 침묵의 시간 확보

관람자의 입장에 서서 '나도 예술을 느끼는 사람'이라는 것을 느끼며 감각을 회복하는 방법입니다.

감정을 공유할 안전한 사람 한 명 갖기
- 같은 분야의 동료
- 혹은 나를 너무 잘 모르는 제 3자도 좋습니다.

"전시 오픈 1시간 전에, 포스터가 떨어졌는데 작가는 전화도 안 받았어요"

그 말을 내가 감당하지 않아도 될 공간에 말하는 것만으로도 회복이 시작됩니다.

갤러리에서 감정이 소진되지 않기 위한 작은 실천들

- 하루 한 번 감사 인사 꼭 하기 → 내가 긍정의 방향에 중심을 둘 수 있음.
- "죄송합니다" 대신 "감사합니다"로 바꾸기 → 감정의 주도권을 내가 갖게 됨.
- 나만의 '도피 시간' 설정(10분만 사라지기) → 감정의 온도를 식힐 수 있는 휴식

감정을 숨기지 않아도, 무너지지 않을 수 있습니다.

갤러리라는 공간은 조용해 보여도 그 안에서는 수많은 감정들이 충돌하고 겹쳐지고 흐릅니다. 그 중심에서 일을 순조롭게 하기 위해서는 자신의 감정을 너무 오래 눌러두어서는 안 됩니다. 감정을 잘 견디는 사람은 사실 감정을 억누르는 사람이 아니라, 감정이 흐르게 두되, 그 속에서 자신을 잃지 않는 사람입니다. 그리고 갤러리스트는 작품도 지켜야 하지만, 자신의 마음도 함께 지켜야 오래 일할 수 있습니다.

갤러리 안에서의 인간관계
- 예술보다 더 어려운 인간관계 배우기

갤러리는 보통 작은 조직입니다. 5명 이하인 경우도 많고, 한 명이 기획부터 행정 고객 응대까지 모두 운영하기도 합니다. 그만큼 개인의 성향이 조직의 공기 전체를 결정하는 경우가 많습니다. 특히 갤러리스트로 일하다 보면, 작가, 고객, 상사와의 관계 속에서 말 한마디, 표정 하나에도 무게감을 느끼게 됩니다. 따라서 갤러리 조직 내에서 겪는 인간관계의 민감함에 어떻게 대처해야 할지, 또는 지속 가능한 팀워크를 유지하는 법을 알아야 합니다.

갤러리는 '작지만 복잡한 생태계'입니다

갤러리스트와 대표 사이에는 결정권과 실행력의 균형이 필요합니다. 같이 일을 하다 보면 일보다는 감정이 상하는 일들이 종종 있기 때문입니다. 또, 갤러리스트와 작가 사이에는 공손하지만, 거리 있는 신뢰 관계가 필요합니다. 또, 갤러리스트와 고객 사이에서 갤러리스트는 감정노동을 동반한 브랜드 대변인의 역할을 동시에 해야 합니다. 그리고 동료 사이에서는 협력과 분업 사이의 경계선을 잘 찾아 일이 매끄럽게 진행할 수 있도록 노력해야 합니다.

특히, 갤러리는 사람을 오래 기억하는 구조이기 때문에, 한 번의 마찰이나 무례가 오랜 불신으로 이어질 수 있다는 점을 꼭 기억해야 합니다.

실무자의 위치에서 자주 생기는 갈등 상황

- 작가가 반복적으로 요구를 바꿀 때 → '어디까지 들어줘야 하지?'에 대한 혼란
- 대표가 디렉션 없이 결과만 요구할 때 → '내가 뭘 잘못했는지도 모르겠는데 혼났다'
- 인턴이 너무 소극적이거나 반대로 너무 나설 때 → '같이 일하는 게 불편한데, 말할 수는 없다'
- 동료가 내 몫의 책임을 같이 나누지 않을 때 → '괜히 나만 열심히 일하는 것 같아 억울하다'

갤러리 조직 내 인간관계를
건강하게 만드는 다섯 가지 감각

① '역할'과 '사람'을 분리해서 보기

대표의 말투가 날카롭더라도 그 사람이 아니라 그 역할의 언어로 받아들이기 → 감정적 반응보다 실무적 대응이 쉬워짐.

② 갈등을 감정으로 덮지 않고, 언어로 풀어내기

"그렇게 느꼈어요"보다는 "○○ 상황에서 제가 혼란스러웠어요. 다음엔 이런 방식이 가능할까요?" → 비난이 아니라 제안의 언어로 말하기

③ 인턴이나 후배와 일할 때, 설명보다 '맥락' 공유하기

"그건 안 돼요"보다는 "우리가 이 작가와 몇 번 전시를 했고, 신뢰를 쌓는 중이라서 이 방식이 중요해요" → 일의 의미를 공유해야 팀워크가 만들어짐.

④ '무례함'보다 '미숙함'으로 이해해 보기

말이 서툴러도 의도가 나쁜 건 아닐 수 있음. → 갤러리는 감각이 자라는 공간이기 때문에, 유예를 주는 태도가 중요

⑤ 하루에 한 번, '고마운 사람' 한 명 떠올리기

메모만 해도 좋고, 말로 표현하면 더 좋음. → 감정의 피로가 줄고, 관계를 감정의 버팀목으로 바꿔줌.

실무자 입장에서 쓰기 좋은 소통 문장

예시

- 작가의 요청을 조정해야 할 때: "말씀하신 부분은 검토 중인데요, 갤러리 일정상 이 방향이 현실적으로 맞을 것 같아 조율을 제안드립니다"
- 대표에게 어려움을 표현할 때: "말씀하신 방향에 최대한 맞춰 보고 싶은데, 제가 확인이 필요한 부분이 있어요"
- 고객이 예민할 때: "말씀 주셔서 감사합니다. 작가님 입장도 고려해서 확인 후 안내드릴게요"
- 동료와 역할 충돌 시: "혹시 ○○ 업무는 제가 맡는 게 더 자연스러울 것 같은데, 어떻게 생각하세요?"

작은 조직일수록 중요한 '의식적인 대화 문화'

예시

- 회의 때 감정 피드백도 함께 말하기: '이번 전시에서 가장 뿌듯했던 순간 한 가지' 공유
- 누가 잘했는지보다 무엇이 잘됐는지 중심 피드백: 개인 평가가 아니라 구조적 개선으로 이어짐.
- 일정 마감 후 간단한 회고 시간: 감정 피로 해소 + 다음 전시준

비의 질 향상

좋은 전시는 좋은 작가만이 아니라, 좋은 관계가 만들어 줍니다.
갤러리에서의 인간관계는 단지 감정을 조율하는 일이 아니라, 같은 공간에서 같은 리듬으로 숨 쉬는 법을 배우는 일입니다. 때로는 침묵이 필요하고, 때로는 조심스러운 말 한마디가 당신의 신뢰를 쌓아줍니다. 작품은 전시기간 동안만 걸리지만, 사람과의 신뢰는 그 이후에도 계속된다는 것을 기억하시기 바랍니다.

예술을 계속 사랑하기 위한 나만의 관람법

- 관객으로 돌아가는 회복의 시간

갤러리에서 일하다 보면 예술이 점점 업무처럼 느껴질 때가 있습니다.

작품을 설치하고, 작가를 섭외하고, 캡션을 쓰고, 가격을 정하고, 손님을 응대하면서 하루하루 일이 쌓일수록 처음에 가졌던 '설렘'보다는 '의무감'이 앞서게 됩니다. 그러다 어느 순간, 전시가 감동이 아닌 '스케줄'로만 보이고, 작품은 감상 대상이 아니라 '관리 대상'처럼 느껴질 수도 있습니다.

이럴 때일수록 우리는 관람자라는 본래의 자리로 돌아갈 필요가 있습니다. 아무 역할도 없이, 아무도 챙기지 않아도 되는 '그저 보는 사람'으로 돌아가는 일이 예술을 다시 사랑하게 만드는 방법이기도 합니다.

예술을 감상하는 '나만의 루틴'을 만들어 보세요

먼저, 전시를 혼자 보는 연습을 해보세요.

누구와도 이야기하지 않고, 작가와 설명도 주고받지 않으며 그저 조용히 머무는 시간은 생각보다 깊은 회복을 줍니다. 또 전시장 안에서 사진을 찍거나, 메모하지 않는 감상을 해보세요. 기록하지 않고 그저 감정에만 집중하는 관람은 마음 깊숙한 곳에 감각의 층을 만들어 줍니다. 모든 것을 남기려 하지 않고, 그냥 '느끼고 흘려보내는 감상'도 때로는 필요합니다.

감상 후에는 분석 대신 감정 하나만 붙잡아 보세요.

'이 그림은 쓸쓸했다',

'이 조형물은 나를 밀어내는 것 같았다',

'색이 눈보다 마음에 먼저 닿았다'

이 정도로도 충분합니다. 해석은 지치게 하지만, 감정은 회복하게 만듭니다.

감각을 회복시켜 주는 다섯 가지 질문

작품을 본 뒤, 스스로에게 이런 질문을 던져보세요.

- 이 작품은 내 안의 어떤 기억을 떠올리게 했는가?

- 작가는 무엇을 말하려 했고, 나는 그 안에서 무엇을 느꼈는가?
- 전시장 안에서 내가 가장 오래 머문 장소는 어디였는가?
- 이 작품이 내 방에 있다면 어떤 기분일까?
- 전시가 끝난 뒤에도 계속 떠오를 장면이 있다면 무엇인가?

이 질문들은 감상을 분석으로 끌고 가는 것이 아니라, 작품과 나를 연결시키는 역할을 해줍니다.

지칠수록 되돌아가야 하는 감상법

지친 날일수록, 전시장을 다녀와 짧은 감상 편지 한 줄이라도 써보세요.

"오늘 ○○ 작가의 그림에서 조용한 용기를 느꼈습니다"
"이 전시는, 내가 너무 바쁘게 살고 있다는 걸 알려줬어요"
이런 기록은 나에게 보내는 위로이자, 예술을 계속 곁에 두게 해주는 다정한 버팀목이 됩니다.

전시 감상에서 감각을 살리는 구체적인 방법

이미 잘 아는 작가의 전시라도 '처음 보는 듯한 시선'으로 감상해 보세요. 익숙함 속에서 새로운 걸 발견하려는 시도는 감각을 다시 예민하게 만듭니다. 또 전혀 모르는 작가의 전시도 적극적으로 방문해 보는 것도 좋습니다. 배경지식 없이 마주하는 작품들은 순수한 시각과 감정을 다시 꺼내주기 때문입니다.

작가의 설명 없이 혼자 전시장을 거니는 것도 추천합니다. 설명 없는 감상은 때로 더 많은 걸 느끼게 해줍니다. 나만의 해석, 나만의 언어를 다시 만들게 되니까요.

그리고 같은 전시를 두 번 보는 것도 좋은 방법입니다. 첫 번째 감상에서는 못 봤던 색채나 구도, 감정이 두 번째 관람에서는 불쑥 얼굴을 내밀 때도 있기 때문입니다.

감상을 정리하는 나만의 방식 찾기

전시를 본 후, 복잡한 감상문을 쓰지 않아도 괜찮습니다. 그저 마음에 남은 감정을 한 문장으로 적어보는 연습만 해보세요.
"이 조형물은, 나의 멈춰 있던 시간을 다시 걷게 했다"

이런 문장 하나만으로도, 당신은 작품과 교감한 것입니다.

또, 감정을 단어로 정리해 보는 것도 좋습니다.

'서늘함', '고요', '무게감', '추억', '질감의 온도' 같은 감정 키워드 수집만으로도 감상이 입체화됩니다.

자신만의 점수를 매기거나, 감정별 키워드를 정리해 보는 것도 추천합니다. 이러한 키워드는 반드시 분석을 위한 기록이 아니라, 감각을 기억하기 위한 언어화일 뿐입니다.

예술을 다시 사랑하게 되는 순간들

예술을 오래 보다 보면, 다시 사랑하게 되는 순간들이 문득 찾아옵니다.

다른 관객이 한 작품 앞에서 오래 머무는 걸 볼 때, 아이의 말 한마디가 작품의 감상을 완전히 바꿔놓을 때, 전시가 끝났는데도 그 그림이 며칠 동안 머릿속을 떠나지 않을 때, 전시장을 나와 길을 걷는데 속도가 아주 조금 느려졌다는 걸 느낄 때. 그럴 때마다 '아, 나는 아직 이 일을 사랑하는구나' 하는 마음을 다시 떠올리게 될 것입니다.

사실 예술을 사랑해서 시작한 일이지만, 그 사랑이 일 속에서 무뎌질 때가 있습니다.

그래서 우리는 다시 관객이 되는 연습을 해야 합니다. 아무 역할 없이, 아무 기대도 없이, 그저 작품 앞에 잠시 멈춰 서는 일.

그 시간이 우리가 예술을 오랫동안 사랑할 수 있게 해주는 가장 조용하고 단단한 방법입니다. 예술은 우리가 붙잡지 않아도 때로는 우리를 다시 붙잡아 주는 존재가 됩니다.

그 믿음으로, 당신의 다음 관람도, 예술과 당신 사이의 다정한 연결이 되기를 바랍니다.

내가 기억하는 아름다운 전시
- 내 마음이 머물렀던 작품 한 점

야요이 쿠사마의 '무한의 방',
끝없이 번져가던 감정의 빛

갤러리스트로 살다 보면, 수많은 전시를 보고 또 만들어 가게 됩니다.

그러다 보면 감정은 점점 일에 가려지고, 감동은 기억보다 기록으로 남게 됩니다. 하지만 그런 흐름 속에서도 마치 내 안의 어떤 감각이 '되살아나는 순간'이 있습니다.

나에게는 야요이 쿠사마의 인피니트 룸, 일명 '무한의 방'을 만났던 경험이 그랬습니다.

처음 이 작품을 경험한 건 미국 LA의 더 브로드(The Broad) 미술관이었습니다.

  어둠 속으로 들어간 나는 작은 방 하나에서 무한히 반사되는 빛과 나, 그리고 나를 바라보는 또 다른 나를 마주했습니다.

  작고 반짝이는 전구들, 끝없이 퍼지는 거울의 반복, 그리고 말없이 침잠해 드는 공간의 침묵 속에서 마치 감정이 몸 밖으로 흘러나오는 듯한 깊은 몰입감을 느꼈습니다. 그 방은 아주 작았지만, 그 안에서 제가 마주한 건 무한히 확장되는 내면의 우주였습니다.

  빛은 움직이지 않는데, 내 감정만 움직이고 있는 것 같은 묘한 감각 그리고 어떤 미술관에서도 느끼지 못했던 시간과 공간의 감정적인 붕괴가 그 안에는 있었습니다.

미국 LA의 LACMA, 제주도 본태박물관 무한의 방 사진

그 후 몇 해가 지나, 제주도의 본태박물관에서 다시 한번 그 작품을 마주했습니다.

같은 작가, 같은 구조, 같은 제목의 설치작품인데도 그날의 감정은 전혀 달랐습니다.

이곳에서의 '무한의 방'은 좀 더 고요하고, 좀 더 따뜻하고, 좀 더 내밀한 공간이었습니다.

창밖으로 보이던 제주 바람, 미술관 전체에 흐르던 절제된 기운, 그리고 그 방에 들어가기를 기다리는 관람객들의 작은 숨결까지, 모든 것이 나를 작품 안으로 데려가기 위한 배경음처럼 느껴졌습니다. 방 안에 들어서는 순간, 전에는 느끼지 못했던 '눈물'이 고이는 기분이 들었습니다. 감정이 물밀듯이 밀려들어 왔습니다.

왜 울컥했는지는 설명할 수 없습니다.

다만, 그 공간이 나에게 "괜찮아, 여기에 있어도 돼"라고 말해주는 것 같았습니다.

그 방은 나를 꾸짖지도, 반기지도 않았지만, 그저 받아들이고, 비추어주고, 나를 온전한 나로 있게 해주었습니다. 전시는 설치미술이었지만, 그 순간의 나는 작품을 보는 사람이 아니라, 작품 안에 들어가 있는 감정 그 자체였습니다. 이후로도 저는 수많은 전시를 보았고, 기획했고, 제 손으로 만든 공간도 많았지만, 야요이 쿠사마의 '무한의 방'은 저에게 전시가 어떻게 한 사람의 감정을 완전히 물들이는가를 알려준 체험으로 남았습니다.

그날 이후로 저는 깨달았습니다. 진짜 예술은 '이해'가 아니라 '침투'하는 것이고, 진짜 공간은 '보여주는 것'이 아니라 그 일부로 나를 '스며들게 하는 것'이라는 걸요.

당신에게도 그런 전시가 있나요?
감정이 이름도 없이 밀려들고, 작품 앞에서 스스로를 설명하지 않아도 되었던, 그저 조용히 감정이 흘렀던 시간. 만약 당신에게도 그런 전시가 있었다면 당신은 예술을 사랑할 자격이 있고, 이 일을 오래 해도 되는 사람입니다.
그때의 그 감정을 기억하세요.
그 감정이야말로 갤러리스트가 가장 먼저 가져야 할 첫 번째 감각이니까요.

갤러리에서 성장한 나의 이야기
- 아무것도 몰랐던 내가 자라나는 시간

"처음에는 할 줄 아는 게 하나도 없었습니다"

갤러리에서 처음 전시를 열던 날, 저는 '이게 맞는 걸까'라는 생각을 수십 번도 넘게 되뇌었습니다.

미술관에서 아티스트들과

작가 섭외도 직접, 포스터 디자인도 직접, 보도자료는 인터넷을 뒤져가며 참고했고, 오프닝 때는 음료부터 정리까지 손 하나하나로 해결했습니다. 그때는 모든 게 처음이었고, 솔직히 두려움이 더 컸습니다. 하지만 돌이켜 보면, 바로 그 시간이 제가 갤러리스트로서 가장 빠르게 성장하던 시기였습니다. 모르는 일을 억지로라도 해내면서, '일'은 물론이고, 저 자신을 대하는 태도도 바꾸어 가기 시작했습니다. 시간이 지나면서 작가와의 계약 협상에서 언어의 균형감을 익히게 되었고, 전시의 흐름을 만들기 위해 기획과 디자인, 홍보와 판매의 리듬을 체계적으로 나누는 감각도 생겼습니다. 예전에는 "이 그림 너무 좋아요!"만 하던 제가, 어느 순간 '이 작품은 공간 안에서 어떤 감정을 유도하며, 어떤 컬렉터에게 적합한지'까지 분석하고 설명할 수 있는 사람이 되어 있었습니다. 매해 전시를 치르며 포기하고 싶었던 순간도 있었고, '내가 만든 이 공간에 과연 누가 관심을 가질까' 싶었던 날도 있었지만, 그 모든 과정을 통해 저는 '미술을 좋아하는 사람'에서 '예술을 중심으로 일할 수 있는 사람'으로 조금씩 자라나고 있었습니다.

VIP 컬렉터들과 아트 클래스

또한, 글을 통해 생각을 정리하고 발산하는 힘도 쌓였습니다.

미술 칼럼을 10년 넘게 쓰며 예술의 구조와 시장, 작가의 언어를 사회와 연결하는 글쓰기 훈련이 되었고, 그 글들은 다시 강연, 기획안, 제안서, 전시 소개문 등으로 확장되며 나의 말과 글이 일의 언어로 진화하게 만들었습니다. 무엇보다도, 저는 '작가를 이해하고 응원할 수 있는 동료'로서 성장했습니다. 그림을 바라보는 감정뿐 아니라 작가가 겪는 현실의 무게, 말 못 할 고민, 전시 전날의 긴장까지 더 잘 알아듣고, 받아들이고, 함께 걸을 수 있는 사람이 된 것, 그게 제가 갤러리에서 가장 크게 얻은 자산입니다.

VIP 컬렉터 아티스트 클래스

저는 아직도 배우고 있습니다.

전시 하나가 끝나면 새로운 문제 앞에 서게 되고, 작가 한 명을 만날 때마다 또 다른 감정과 질문이 찾아옵니다. 하지만 이제는 그 질문들을 두려워하지 않게 되었습니다.

저는 처음에는 무언가를 해내는 사람이 되고 싶었고, 이제는 무언가를 오래 지켜낼 수 있는 사람이 되고 싶습니다. 그것이 '갤러리에서 일하며 성장한 나'의 지금까지의 모습입니다.

(에필로그)

미술을 사랑하는
그 마음으로 시작하세요

이 책을 다 읽고 난 지금, 당신의 마음엔 어떤 질문이 남았을까요?

"나는 갤러리에서 일할 수 있을까?"
"지금 시작해도 괜찮을까?"
"내가 가진 건 미술을 좋아하는 마음 하나뿐인데…"

그렇다면, 저는 조용히 이렇게 말하고 싶습니다.

그 마음 하나면 충분합니다.

저도 그랬습니다.

미술을 좋아하는 마음 하나로.
아무 경력도, 자격도 없이 이 길을 시작했습니다.
두려움은 컸고, 실수는 많았지만, 한 전시, 한 작가, 한 관람객을 마주할 때마다 저는 조금씩 이 일을 배워갔습니다.

'갤러리스트'라는 직업은 처음부터 모든 것을 갖춘 사람만이 할 수 있는 일이 아닙니다.
오히려 미술을 진심으로 사랑하고, 그 사랑을 누군가에게 전달하고 싶어 하는 마음이 가장 중요한 시작점입니다.
이 책이 지금 막 이 길을 꿈꾸는 당신에게 첫 단추가 되어주기를 바랍니다.
어떤 전시를 만들고 싶은지, 어떤 작가를 소개하고 싶은지, 어떤 감정을 전하고 싶은지, 마음속의 구체적인 '장면'이 떠오르기 시작했다면 당신은 이미 이 일을 할 준비가 되어 있는 사람입니다.

처음엔 다들 어색합니다.
말도 서툴고, 몸도 익숙하지 않죠. 하지만 예술을 향한 애정만은 그 어떤 훈련보다 강력한 에너지가 됩니다.

그러니, 미술을 사랑하는 그 마음으로 시작하세요.

그 마음이 당신의 길을 만들고 작가의 손을 잡아주며, 관객의 마음을 흔들게 해줄 겁니다.
그리고 언젠가, 당신도 누군가에게 "나도 그렇게 시작했어요"라고 말해줄 수 있을 날이 반드시 올 것입니다.

그 시작이 지금이기를 진심으로 바라고 응원합니다.

MENTORING
FOR
GALLERIST

초판 1쇄 발행 2025. 9. 5.

지은이 나하나
펴낸이 김병호
펴낸곳 주식회사 바른북스

편집진행 김재영
디자인 김효나
마케팅 송송이 박수진 박하연

등록 2019년 4월 3일 제2019-000040호
주소 서울시 성동구 연무장5길 9-16, 301호 (성수동2가, 블루스톤타워)
대표전화 070-7857-9719 | **경영지원** 02-3409-9719 | **팩스** 070-7610-9820

•바른북스는 여러분의 다양한 아이디어와 원고 투고를 설레는 마음으로 기다리고 있습니다.
이메일 barunbooks21@naver.com | **원고투고** barunbooks21@naver.com
홈페이지 www.barunbooks.com | **공식 블로그** blog.naver.com/barunbooks7
공식 포스트 post.naver.com/barunbooks7 | **페이스북** facebook.com/barunbooks7

ⓒ 나하나, 2025
ISBN 979-11-7263-558-9 03190

•파본이나 잘못된 책은 구입하신 곳에서 교환해드립니다.
•이 책은 저작권법에 따라 보호를 받는 저작물이므로 무단전재 및 복제를 금지하며,
이 책 내용의 전부 및 일부를 이용하려면 반드시 저작권자와 도서출판 바른북스의 서면동의를 받아야 합니다.